생각을 여는 처음탄탄 한국사

05

조선 전기

생각을 여는

처음탄탄 한국사

05
조선 전기

황은희 글 | 김다정 그림

스푼북

차례

01 조선이 한양을 도읍으로 삼은 이유는? _7

02 정도전과 이방원은 왜 갈라섰을까? _15

03 세종이 훈민정음을 만든 이유는? _23

04 조선은 주변 나라들과 어떻게 지냈을까? _29

05 유교를 바탕으로 나라를 다스렸다고? _35

06 신분에 따라 달랐던 조선 사람들의 생활은? _41

07 《경국대전》에는 어떤 내용이 담겨 있을까? _47

08 '사화'란 무엇일까? _51

09 조선 시대 학교를 둘러볼까? _59

10 조선 시대 아이들은 어떻게 생활했을까? _65

11 《조선왕조실록》은 어떻게 만들어졌을까? _71

12 일본이 조선을 침략한 이유는? _79

13 청나라는 왜 조선을 침략했을까? _89

14 통신사가 문화 외교를 펼쳤다고? _97

15 자신의 재능을 꽃피운 조선의 여성들은? _103

- 연표 _110
- 찾아보기 _112
- 사진 저작권 _114

조선이 한양을 도읍으로 삼은 이유는?

"궁궐로 출근하고 있는 관리들이군."
"저분들이 임금님과 함께 나라를 이끌어가겠지요?"
아침 일찍 아버지를 따라 나온 인범이는 관리들이 궁궐 안으로 들어가는 걸 보았어. 새 나라 조선이 세워지고 한양에 처음 지어진 궁궐은 인범이의 눈에도 아주 멋져 보였어.
관리들이 출근하고 있는 이 궁궐은 어디일까?

고려 말, 요동 정벌의 명을 받고 군대를 이끌고 나섰던 이성계는 위화도에서 회군했어. 그리고 개경으로 돌아가 우왕을 몰아내고 신진 사대부들과 함께 개혁을 추진했지. 권문세족들이 불법적으로 차지한 토지를 몰수하고 새 토지 제도를 시행하는 것은 물론 잘못된 세금 제도 역시 고쳤지. 그리고 마침내 1392년, 이성계가 새 나라 조선을 세웠어. 조선은 도읍을 개경(개성)에서 한양(서울)으로 옮겼어. 개경에는 여전히 고려에 충성을 바치는 사람이 많았거든. 그래서 새로운 곳으로 도읍을 옮겨 나라를 다스리려 한 거야.

한양은 한반도 가운데 있어 육로를 통하면 전국 어디든 빠르게 갈 수 있었지. 그리고 한강이 흘러서 전국 각지에서 난 물자를 배로 실어 나르기에도 편리했어.

▲ 조선을 건국한 태조 이성계

주변이 산으로 둘러싸인 것도 도읍으로서 무척 유리한 조건이었어. 산 덕분에 성을 높게 쌓지 않아도 외적의 침입을 막을 수 있었거든. 게다가 한강 주변은 넓은 평지여서 농사를 짓고 살기에도 안성맞춤이었지.

새 도읍 한양에는 궁궐과 통치에 필요한 여러 건물이 뚝딱뚝딱 지어지기 시작했어. 그중 임금이 머물며 나랏일을 처리하는 궁궐을 짓는 것은 아주 중요한 일이었지. 이성계는 즉위한 지 3년째에 경복궁을 지었어. 경복궁에는 중심 건물인 근정전을 비롯해 여러 건물이 들어섰어. 경복궁 주변에는 왕실 조상에게 제사를 지내는 종묘, 토지와 곡식을 다스리는 신에게 제사를 지내는 사직단이 지어졌단다.

경복궁의 정문인 광화문 앞에 난 큰길에는 나랏일을 돌보는 여러

▼ **경복궁 근정전**
경복궁의 중심 건물로 국가의 중요한 의식을 거행하고 외국 사신을 맞이하는 공간이었어.

관아가 줄지어 들어섰어. 조선 시대 행정부의 최고 기관인 의정부와 6조가 이곳에 있었지. 그 주변으로 시장이 들어섰고, 사람들이 옹기종기 집을 지어 살았어. 인범이는 이곳에서 신하들이 경복궁으로 출근하는 모습을 본 거야.

  수도 건설을 맡은 사람은 조선을 여는 데 큰 공을 세운 정도전이었어. 정도전은 한양 주변에 총 길이 18킬로미터가 넘는 성벽을 쌓았지. 그리고 성벽에 문을 여러 개 만들어 백성들이 드나들 수 있도록 했어. 성벽의 동서남북으로 낸 커다란 문 네 개를 '사대문'이라고 해. 사대문은 동서남북 순서대로 각각 흥인지문, 돈의문, 숭례문, 숙정문이라 불렀지. 이 중에 서쪽 문인 돈의문은 헐려서 지금은 남아 있지 않아. 한양은 약 500년 간 조선의 수도 역할을 하며 역사에 이름을 남겼어.

▼ 사대문 중 동쪽 문인 흥인지문(왼쪽)과 남쪽 문인 숭례문(오른쪽)

생각 톡톡

〈도성도〉로 살펴보는 한양의 모습은?

〈도성도〉는 수도 한양의 모습을 상세하게 그린 지도야. 도성이란 도읍이 성으로 둘러져 있는 데서 유래한 말로 도읍지, 한양(서울)과 같은 말이지. 궁궐에서 남쪽을 바라보며 나랏일을 살피던 임금의 시각에 맞춰 남쪽이 지도의 위쪽으로 되어 있어. 〈도성도〉를 살펴보며 서울에 남아 있는 조선의 흔적을 찾아볼까?

동쪽

도성의 동쪽 문으로. 다른 문들과 달리 반달 모양의 성벽(옹성)을 갖추고 있어.

흥인지문

왕실 조상의 위패를 모셔 놓고 제사를 지내던 곳이야.

종묘

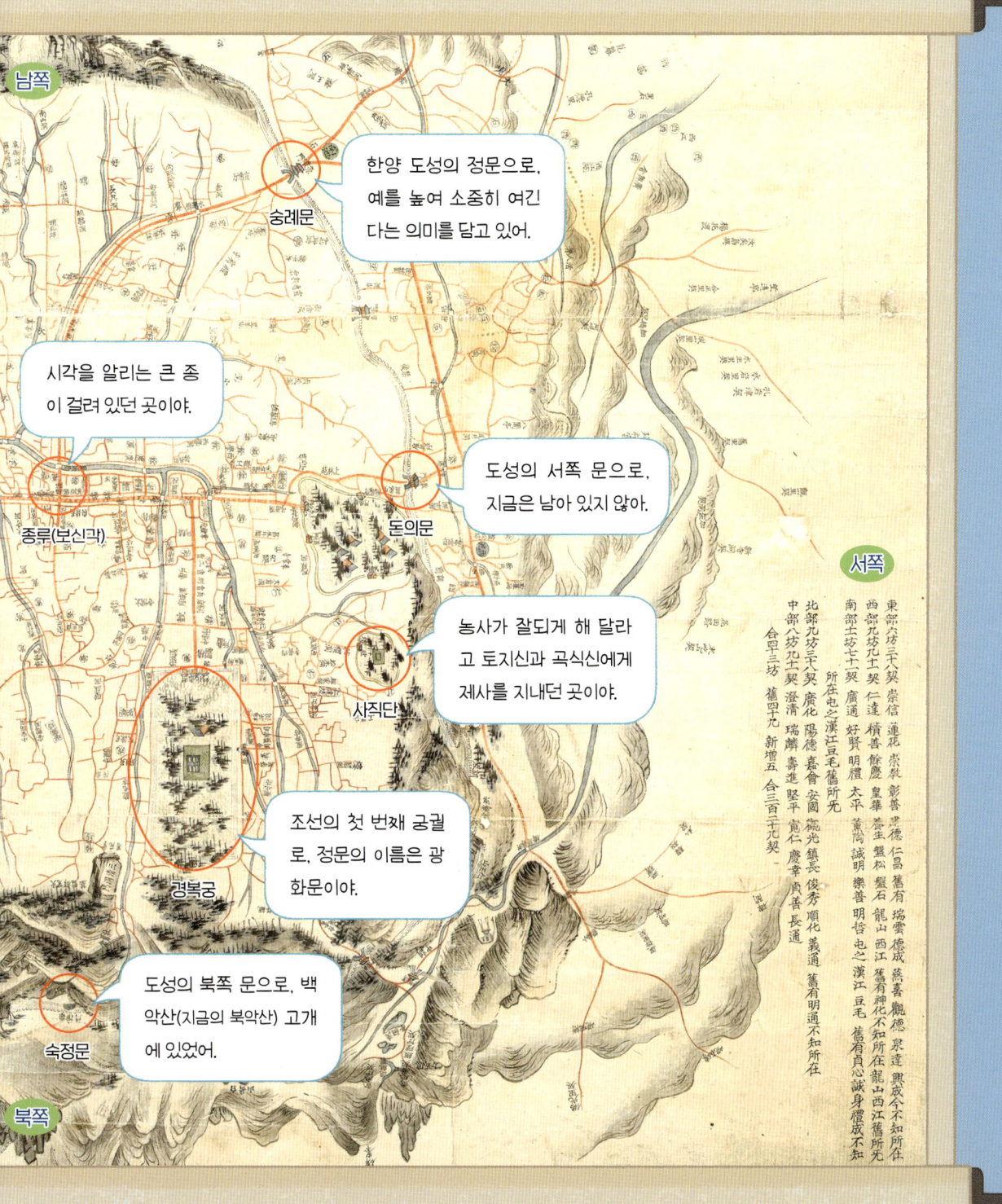

정도전과 이방원은 왜 갈라섰을까?

"이리 급히 어디를 가시나요?"
"정도전 영감 댁에 가 보아야겠소."
난이 얼굴에는 근심이 가득했어. 아버지가 급하게 나가는 모습이 자꾸 떠올라 수를 놓을 수 없었어. 밤이 되어도 돌아오지 않는 아버지 때문에 난이의 걱정은 더욱 깊어졌지.
난이 아버지는 왜 돌아오지 않는 걸까? 도대체 무슨 일이 일어난 걸까?

정도전은 이성계를 도와 조선 건국에 큰 역할을 했어. 이후 태조 이성계의 두터운 신임을 받으며 나라의 기틀을 잡는 데 앞장섰지.

먼저, 정도전은 새 도읍 한양이 제 역할을 하도록 꼼꼼하게 설계했어. 궁궐과 성벽을 짓는 일부터 각 건물의 쓰임새와 이름을 정하는 일까지 모두 도맡았지. 그뿐 아니라 여러 정부 기구의 역할을 정리하고 법을 만드는 일도 이끌었어. 하지만 정도전은 제 뜻을 펼쳐 보기도 전에 이성계의 다섯째 아들 이방원에게 목숨을 잃고 말았어. 난이 아버지는 이 일로 서둘러 정도전의 집으로 향했던 거야.

이방원 역시 조선을 세우는 데 커다란 공을 세웠어. 하지만 조선이 세워진 뒤 나라를 어떻게 다스릴지를 놓고 정도전과 갈등을 빚었지.

재상
임금을 돕고 모든 관리들을 지휘, 감독하는 일을 맡아보던 높은 벼슬을 가리키는 말이야.

정도전은 왕이 아닌 재상*이 중심인 나라를 꿈꿨어. 왕위를 대대로 물려받다 보면 언젠가는 어리석거나 난폭한 임금이 나올 수 있어. 하지만 재상은 관리 중에서도 학문이 뛰어나고 어진 사람이 맡아. 그러니 왕에게 정치를 전부 맡기기보다는 뛰어난 재상이 관리들을 통솔하고 나랏일을

잘 돌보면 된다고 생각했던 거지. 반면 이방원은 왕이 힘센 신하들에게 이리저리 휘둘리면 안 된다고 생각했어. 그래서 나라를 잘 다스리기 위해서는 누구보다도 왕의 권력이 강력해야 한다고 보았지.

　태조는 여덟 아들 중 막내 이방석을 세자로 삼았어. 이 소식에 이방원은 큰 충격을 받았지. 조선을 세우는 데 가장 큰 공을 세운 왕자는 바로 자신이라고 생각했거든. 게다가 이방원은 태조의 여덟 아들 중에서 가장 재능이 뛰어났어. 이방원은 맏형이 아니라면 자신이 세자가 되어야 한다고 생각했어. 그런데 엉뚱하게 막냇동생이 형들을 제치고 세자가 된 거야. 이방원은 정도전이 모든 일을 계획했다고 여겼지.

 이방원은 몹시 분했지만 겉으로는 아버지의 결정에 순순히 따랐어. 하지만 뒤로 군사를 모으고 궁궐 안에서 자신의 편을 하나둘 만들어 나갔지. 정도전은 이런 이방원을 몹시 경계했어. 그래서 이방원이 거느린 병사를 어떻게든 없애려 했지.

 먼저 칼을 빼든 쪽은 이방원이었어. 이방원은 병사를 이끌고 쳐들어가 정도전을 죽이고 동생인 세자의 목숨도 빼앗았어. 이 사건을 '제1차 왕자의 난'이라고 불러. 자식들끼리 서로 죽고 죽이며 싸우는 모습에 태조는 큰 충격을 받았어. 그리고 얼마 지나지 않아 왕의 자리에서 물러나 버렸지.

 이방원은 곧장 왕위에 오르는 대신 태조의 둘째 아들이자 자신의

형인 이방과를 왕위에 올려 백성과 신하들의 마음을 가라앉히려 애썼어. 하지만 형제끼리의 다툼은 여기서 끝나지 않았어. 태조의 넷째 아들 이방간이 왕의 자리를 넘보았거든. 결국 이방원은 형을 제압하고 마침내 왕위에 올랐어. 이것이 '제2차 왕자의 난'이야. 이방원은 조선의 3대 왕인 태종이 된 거야.

태종은 왕의 권한을 강화하기 위해 제도를 바꾸었어. 먼저 왕족과 공신*이 개인적으로 거느린 군대를 빼앗아 나라의 군대로 만들었어. 왕족이나 공신이 군대를 길러 반란을 일으키는 걸 막기 위해서였지. 그리고 관리들로부터 나랏일을 일일이 보고 받아 직접 처리했어. 재상들이 책임자로 있던 의정부의 역할을 축소시키고, 실제로 나랏일을 맡아보는 6조를 왕 바로 아래에 둔 거야. 그전까지는 정책을 결정할 때 의정부의 정승들이 먼저 검토하고 이를 정리해 왕에게 올렸어. 그러면 왕은 의정부에 자신의 의견을 전달하고, 이 의견은 다시 6조로 보내졌지. 하지만 태종은 나랏일을 할 때 의정부를 거치지 않고 6조에서 왕에게 직접 보고를 올려 정책을 결정하게 했어. 이러면 의정부의 힘은 약해지고 왕의 힘이 세지지. 이를 '6조 직계제'라고 해.

또 태종은 전국을 8도로 나누고, 왕이 임명한 지방관을 보내 다스

> **공신**
> 나라를 위해 특별한 공을 세운 신하를 말해.

리게 했어. 또 호패법을 시행해 16세 이상의 남자들은 누구나 호패를 차고 다니도록 했지. 호패는 지금의 주민등록증과 같은 것으로 그 사람의 이름과 태어난 해 등이 적혀 있었어. 호패는 병역 관리와 세금 징수에 도움이 되었지.

이러한 정책으로 나라 살림이 넉넉해지고 왕의 힘도 더욱 강해지면서 나라가 점점 안정되었단다.

▶ **호패**
조선 시대 신분증이었던 호패는 보통 나무로 만들었어. 호패 앞면에는 이름과 태어난 해가 새겨졌고, 뒷면에는 관청의 도장을 찍었지.

함흥차사란 무슨 뜻일까?

　심부름을 간 사람이 오랜 시간이 지나도 돌아오지 않을 때 '함흥차사'라고 말해. 이 말은 태조와 태종 사이에 있었던 일에서 생겨난 말로 잘 알려져 있어.

　형제들 간의 피비린내 나는 다툼을 본 태조는 왕위에서 물러나 고향인 함흥으로 가 버렸어. 왕이 된 이방원은 어떻게든 아버지를 모셔 오려고 했어. 그래서 이성계를 모셔 올 신하를 함흥으로 보냈단다. 이렇게 임금이 중요한 임무를 위해 보내는 신하를 '차사'라고 해.

　하지만 함흥으로 간 차사들은 시간이 지나도 돌아오지 않았어. 도착하면 바로 이성계에게 죽임을 당했거든. 이때부터 함흥차사라는 말이 생겨났다고 하지.

　그런데 이 이야기는 사실이 아니야. 기록에는 이성계가 왕위에서 물러난 뒤 함흥에 간 적이 없다고 해. 이성계가 양주에 행궁을 짓고 머무를 때 이방원이 사신을 보낸 적은 여러 번 있었지만 죽은 사람은 없었어.

　함흥차사 이야기는 실제 있었던 일이라기보다는 이성계와 이방원의 사이가 좋지 않아서 생겨난 이야기일 가능성이 높아.

세종이 훈민정음을 만든 이유는?

"아버지, 뭐라고 쓰여 있는 거예요?"
"나도 잘 모르겠구나. 글을 읽을 줄 아는 사람에게 물어봐야겠어."
끝분이는 아버지와 자신도 글을 읽을 줄 알면 좋겠다고 생각했어. 글을 몰라서 불편하거나 억울한 일을 당할 때가 많았거든. 하지만 한자는 너무 어려워 배우기 힘들었지.
배우기 쉬운 글자가 있다면 사람들의 삶은 어떻게 바뀔까?

태종에 이어 세종이 왕위에 올랐어. 세종은 태종이 다져 놓은 기틀을 바탕으로 나라의 발전을 위한 일들을 차근차근 해 나갔어.

어릴 때부터 학문에 관심이 많았던 세종은 연구 기관이었던 집현전을 확대했어. 집현전에서 일하던 젊은 인재들은 세종과 함께 머리를 맞대어 나라를 위한 정책을 여럿 내놓았지. 황희와 맹사성같이 경험이 풍부하고 현명한 신하들도 세종 옆에서 나랏일을 돌보았어.

세종의 가장 유명한 업적은 문자를 만들어 낸 거야. 세종은 자신이 새로 만든 문자에 '훈민정음'이라는 이름을 붙였어. 그리고 1446년 훈민정음을 반포했지.

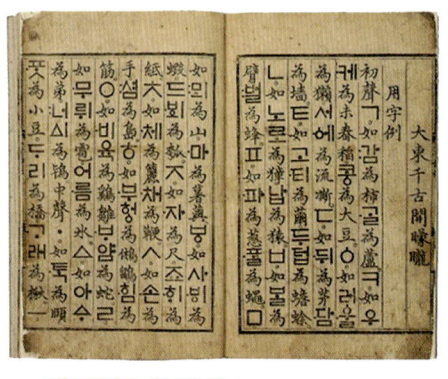

▲ 《훈민정음 해례본》

훈민정음은 '백성을 가르치는 바른 소리'라는 뜻이야. 아주 오래전부터 우리나라는 문자로 한자를 사용해 왔어. 하지만 한자로는 우리말을 온전히 옮기기 어려웠어. 게다가 한자는 글자가

너무 많고 모양이 복잡해서 익히기가 쉽지 않았지. 그러다 보니 먹고살기 바쁜 백성들은 대부분 한자를 읽고 쓰지 못했어. 하지만 모든 나랏일은 한자로 된 문서를 사용했지. 그래서 한자를 모르는 백성들이 기한 내에 세금을 내지 못하거나 법을 어겨 억울한 일을 당하는 경우도 많았어.

　세종은 이 문제를 해결하려고 중국과 다른 조선만의 새로운 글자를 만들기 시작했어. 그리고 밤낮을 가리지 않고 연구한 끝에 마침내 우리나라의 모든 소리와 말을 표현할 수 있는 훈민정음을 세상에 내놓았지. 훈민정음의 가장 큰 장점은 매우 간단하고 배우기 쉽다는 것이었어.

세종이 훈민정음을 만든 덕분에 글을 몰랐던 일반 백성들도 차츰 글을 읽고 나랏일을 알 수 있게 되었어. 끝분이가 바라던 일이 일어난 거지.

하지만 모든 사람이 훈민정음을 반긴 건 아니었어. 최만리를 비롯한 일부 양반들은 크게 반대했지. 세종은 반대를 물리치고 새로운 글자를 널리 보급하기 위해 다양한 노력을 기울였어. 훈민정음으로 사람들이 널리 부를 만한 시집을 펴내기도 했어. 훗날 음식 조리법, 재산 분배 내용 등은 물론 여러 문학 작품이 훈민정음으로 쓰였단다.

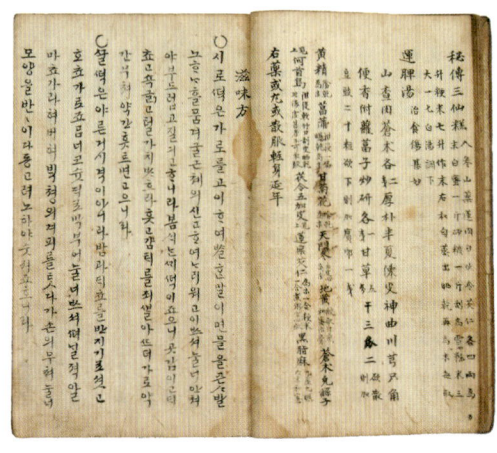

◀ 훈민정음으로 기록한 음식 조리법

세종 시기 발전한 조선의 과학 기술

생각 톡톡

세종은 하늘의 움직임을 제대로 살펴 조선의 자연환경에 꼭 맞는 절기를 백성들에게 알려 주려고 했어. 그래서 우리나라를 기준으로 달력을 계산하는 법을 담은 《칠정산》이라는 책을 펴냈어. 《칠정산》에는 날짜와 24절기, 해가 뜨고 지는 시각, 일식과 월식 날짜 등을 계산하는 방법이 담겨 있었지.

그리고 세종은 노비 출신인 장영실을 등용해 해와 달, 별자리의 움직임을 관측할 수 있는 여러 기구를 만들게 했어. 장영실은 해시계인 앙부일구를 비롯해 천문 관측 기구인 혼천의 제작에 참여했어. 자동으로 시각을 알려 주는 장치가 있는 물시계(자격루)도 만들었지. 세종은 또 전국의 관아에 측우기를 설치해 빗물의 양을 측정하고 보고하도록 했어.

당시는 농업이 국가의 중요한 기반 산업이었기 때문에 이런 과학 기술을 통해 농업을 발전시키려고 했던 거야.

◀ 앙부일구(왼쪽)와 측우기(오른쪽)

조선은 주변 나라들과 어떻게 지냈을까?

"아버지, 저 행렬은 무엇인가요?"
"명나라에 가는 사절단이란다."
국경 부근에 사는 명린이는 명나라로 가는 사절단 행렬을 보았어. 명나라 황제에게 바칠 진귀한 선물을 싣고 가는 행렬은 제법 길었지.
조선은 명나라를 비롯한 주변 나라와 어떻게 지냈을까?

조선이 세워질 쯤 동아시아의 중심 국가는 명나라였어. 명나라는 황제 나라로 군림하며 주변 나라들과 황제와 제후 관계를 맺었어. 주변 작은 나라들의 지배권을 인정해 주는 대신 명나라를 황제국으로 섬기도록 한 거야. 조선도 명나라를 황제의 나라로 대우하며 예를 갖춰 대했지.

조선뿐만 아니라 동아시아에 있는 여러 나라의 사정은 다 비슷했어. 해를 세는 연호도 황제국인 명나라의 것을 사용하고, 정기적으로 사절단을 보내 조공*을 바쳤어. 황제의 생일 같은 특별한 일이 있을 때도 사절

조공
약한 나라가 강한 나라에 예물을 바치는 걸 뜻해.

단을 보냈지. 명린이가 본 사절단처럼 말이야. 이렇게 작은 나라가 큰 나라를 섬기는 관계를 '사대'라고 해.

조선은 명나라에는 사대의 예를 갖추었지만, 여진이나 일본을 상대로는 다른 외교를 펼쳤어. 활발하게 교류를 하면서도 때로는 군대를 보내 토벌하기도 했지. 이것을 '교린' 정책이라고 해. 이웃한 나라와 친하게 지내면서도 문제가 생기면 강경하게 대처하는 것이지.

여진은 압록강과 두만강 유역에 흩어져 살던 북방 민족이야. 조선은 여진으로부터 특산물인 말과 모피를 들여오고, 여진에게는 곡식과 농기구 등을 주었지. 간혹 여진 족장이 조선으로 넘어와 살기를 청하면 땅과 관직을 주기도 했어. 하지만 여진족이 국경을 넘어 침략해 오면 군대를 보내 무찔렀지. 세종 때는 김종서와 최윤덕을 보내 압록강과 두만강 부근의 여진을 토벌하고 그곳에 4군과 6진을 각각 설치했어. 그리고 남쪽 지방의 백성들을 이곳에 살도록 했단다. 이때 지금과 같은 국경이 만들어졌지.

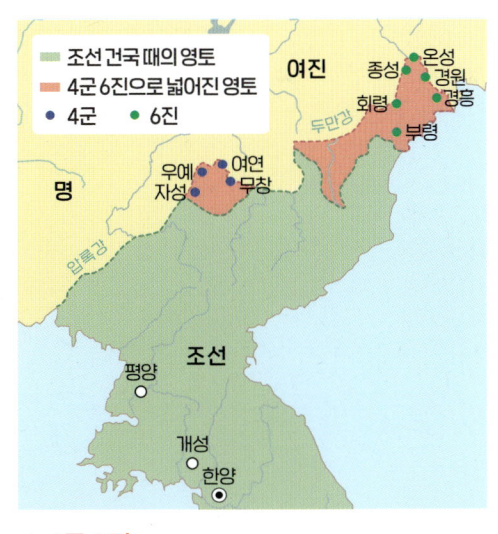

▲ 4군 6진

조선은 일본에도 여진과 같은 입장을 취했어. 왜구의 노략질이 극성일 때는 이종무를 보내 왜구의 본거지인 쓰시마섬을 토벌했어. 반면에 평화로운 시기에는 서로 사신을 보내 관계를 돈독히 하고 부산포, 제포(경상남도 창원), 염포(울산) 등 항구를 열어 무역을 허가하기도 했단다.

살려 주십시오! 다시는 조선 땅에서 노략질하지 않겠습니다.

제주도 사람들이 베트남에 갔다고?

　조선은 동남아시아의 여러 나라와도 교류했어. 실제로 조선 사람이 베트남에 표류하다 돌아온 적도 있고, 동남아시아에서 온 사신들이 조선에 자기 나라의 특산물을 전해 주기도 했어. 이때 후추 등의 향신료가 들어왔지.

　그런데 의도치 않게 조선 사람들이 베트남까지 간 일이 있었어. 1687년, 제주도 사람 24명이 배를 타고 육지로 가던 중 풍랑을 만나 멀리 떠내려갔어. 배는 여기저기 바다를 떠돌다 안남국이라는 곳에 도착했지. 안남국은 오늘날 베트남을 말해. 안남국에 도착한 이들은 호이안에 머물렀어. 그러다가 시간이 지나 다시 조선으로 돌려보내졌지. 이들은 자신들이 보고 들은 것을 기록으로 남겼는데, 기록에 따르면 안남국 사람들은 1년에 세 번 벼농사를 짓고 인심이 후했다고 해.

유교를 바탕으로 나라를 다스렸다고?

"무덤 옆에 있는 저 움막은 무엇인가요?"
"부모의 무덤을 지키기 위해 지은 것이란다."
규호의 질문에 아버지가 말씀해 주셨어. 조선에서 중요하게 여긴 효를 실천하는 방법이었지.
조선에서는 왜 이렇게 효를 중요하게 여긴 것일까?

조선 시대에는 유교 윤리를 바탕으로 나라를 다스렸어. 조선을 세우는 데 큰 역할을 했던 정도전 등의 신진 사대부들이 바로 유학을 공부했던 유학자들이었지. 유교에서는 무엇보다 나라에 대한 충성과 부모에 대한 효, 사람 사이의 예절을 중요시했어. 그래서 규호가 본 것처럼 조선 시대에는 부모님이 돌아가신 뒤 효를 다하기 위해 이렇게 움막을 짓고 무덤을 지키는 일이 중요하게 여겨졌지.

유교에서는 삼강오륜을 강조했어. '삼강'은 임금과 신하, 부모와 자식, 남편과 아내 사이에 지켜야 할 도리이고, '오륜'은 임금과 신하, 부모와 자식, 남편과 아내, 나이 많은 사람과 적은 사람, 친구 사이에 지켜야 할 덕목을 말해. 나라에서는 삼강오륜의 내용을 담은 책을 펴내고 충신과 효자를 찾아 상을 내리기도 했어. 이런 노력을 통해 유교적 사회 질서를 확립하고자 했지.

조선의 생활 풍습과 여러 가지 의식도 유교의 것을 따랐어. 가정에서 이루어지는 관혼상제 의식은 모두 유교의 예법에 따라 치러졌지. 관례는 성인이 되었을 때 치르는 의식, 혼례는 혼인할 때 치르는 의식이야. 상례는 사람이 죽으면 지내는 장례식, 제례는 조상에게 제사를 지내는 의식을 말해.

삼강오륜

1. 삼강(三綱): 사람이 지켜야 할 세 가지 도리

① 군위신강(君爲臣綱): 임금은 신하의 기준이 되어야 한다.
② 부위자강(父爲子綱): 부모는 자식의 기준이 되어야 한다.
③ 부위부강(夫爲婦綱): 남편은 아내의 기준이 되어야 한다.

2. 오륜(五倫): 사람이 지켜야 할 다섯 가지 덕목

① 군신유의(君臣有義): 임금과 신하 사이에는 의리가 있어야 한다.
② 부자유친(父子有親): 부모와 자식 사이에는 사랑이 있어야 한다.
③ 부부유별(夫婦有別): 남편과 아내 사이에는 구분이 있어야 한다.
④ 장유유서(長幼有序): 어른과 어린이 사이에는 질서가 있어야 한다.
⑤ 붕우유신(朋友有信): 벗과 벗 사이에는 믿음이 있어야 한다.

관혼상제

① 관례
성인이 되었을 때 치르는 의식. 남자는 상투를 올리고 갓을 쓰며 여자는 비녀를 꽂는다.

② 혼례
결혼할 때 치르는 의식. 신랑은 사모관대를 하고 신부는 원삼을 입고 족두리를 썼다.

③ 상례
초상을 치르는 의식. 부모나 조부모가 돌아가시면 일정 기간 동안 상복을 입고 문상객을 맞이한다. 친지들과 함께 상여를 메고 마을을 한 바퀴 돈 후 묘를 만들었다.

④ 제례
제사를 치르는 의식. 설이나 추석에 지내는 제사는 따로 '차례'라 부른다.

《삼강행실도》를 펴낸 이유는?

조선은 유교를 통치 이념으로 삼은 나라였어. 그래서 나라가 세워질 때부터 유교의 가르침을 퍼뜨리기 위해 많은 노력을 기울였지. 유학자들은 늘 조상에 대한 공경을 강조하며 유교 의식에 맞춰 제사를 지내고 부모님에게 효도를 다하라고 가르쳤어. 사람들이 이해하기 쉽도록 제사 지내는 방법과 사람으로서 지켜야 할 도리를 책으로 정리하기도 했지.

세종이 나라를 다스리던 때 아들이 아버지를 죽이는 끔찍한 일이 벌어졌어. 세종은 앞으로 이런 일이 일어나지 않게 백성을 올바르게 이끌어야 한다고 생각했지.

이런 생각으로 펴낸 책이 바로 《삼강행실도》야. 중국과 우리나라의 여러 책에서 모범으로 삼을 만한 사람을 뽑아 이들의 이야기를 책으로 펴냈지. 이 책에는 효자, 충신, 열녀의 이야기가 각각 35개씩 들어가 있어. 책에는 글뿐 아니라 그림도 그려 넣어 글을 잘 모르는 일반 백성도 쉽게 이해할 수 있도록 했단다.

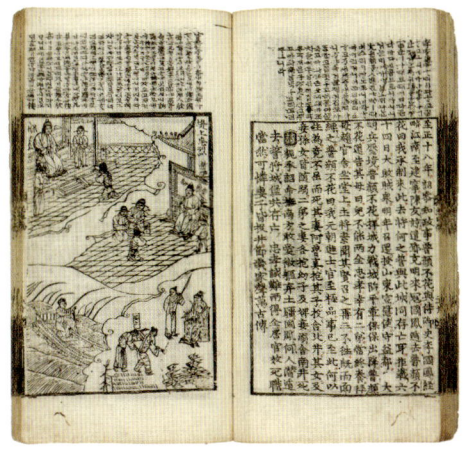

◀ 《삼강행실도》

신분에 따라 달랐던 조선 사람들의 생활은?

"어머니!"
"아이고, 언년아!"
언년이 어머니는 낯선 사람 손에 이끌려 가는 딸을 보며 통곡했어. 개똥이도 그 모습을 그냥 보고 있을 수 밖에 없었지.
언년이는 왜, 어디로 끌려가는 것일까?

조선은 고려 시대와 마찬가지로 신분이 엄격하게 구분된 사회였어. 조선의 최고 법전인 《경국대전》에 따르면 조선 시대의 신분은 크게 양인과 천인으로 나뉘었어. 그런데 실생활에서는 양반, 중인, 상민(평민), 천민으로 신분이 나뉘었지. 신분은 태어날 때부터 정해져 있었어. 부모가 양반이면 자식도 양반이 되고, 부모가 천민이면 자식도 천민이 되었지. 아무리 능력이 뛰어나도 타고난 신분을 바꾸는 건

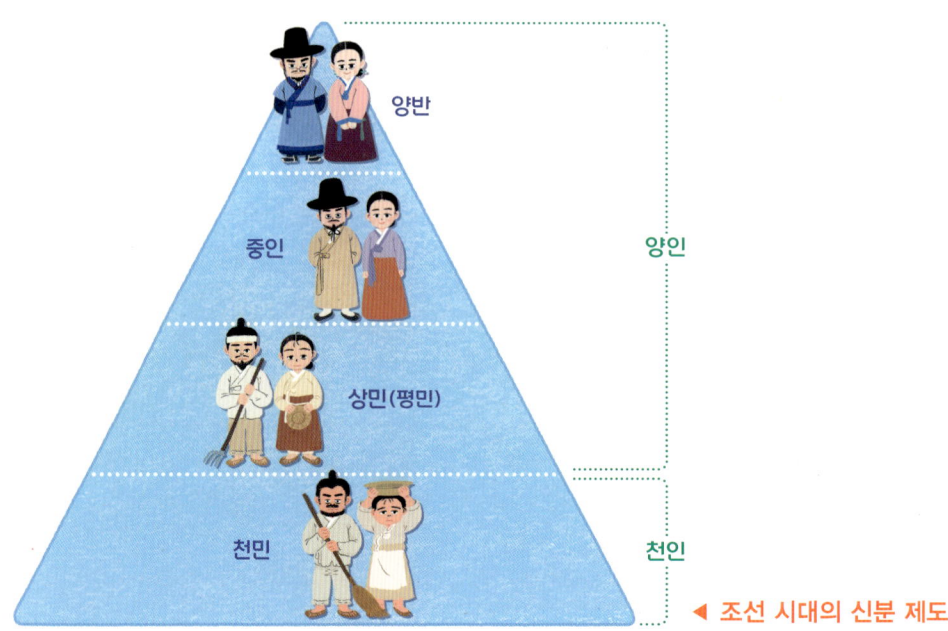

◀ 조선 시대의 신분 제도

쉽지 않았어.

　조선 시대 백성들은 신분에 따라 할 수 있는 일과 해야 할 일이 정해져 있었어. 누릴 수 있는 권리와 의무가 각각 달랐지. 각 신분에 따라 사는 모습도 무척 달랐어. 어떤 신분은 대대로 부유하게 살았던 반면 노비같이 낮은 신분은 고된 일을 하며 힘들게 살았고 물건처럼 사고팔리기도 했지. 그래서 노비였던 언년이가 어머니와 헤어져 다른 집으로 팔려 갔던 거야.

　각 신분이 어떻게 살았는지 살펴볼까? 양반은 글공부를 해 관리가 된 문반과 무예를 배워 관리가 된 무반을 통틀어 가리키는 말이야. 그러다가 점차 그 가족이나 후손까지 포함하는 말이 되었지. 양반은 조선의 지배층으로 여러 가지 특권을 누렸어. 조상 대대로 땅을 물려받기도 했는데, 농민에게 그 땅을 빌려주고 대가를 받거나 노비를 부려 농사를 지었어.

　양반 중 남자들은 대부분 유교 경전을 공부하고 다른 양반들과 어울리며 양반이 갖추어야 할 지식을 쌓거나 마음가짐을 배우며 시간을 보냈어. 직접 농사일을 감독하기도 했단다. 양반 여자들은 집안 살림을 돌보며 자식 교육에 힘썼고 수를 놓으며 지냈지.

　중인은 양반과 상민 사이의 중간 신분인 하급 지배층이야. 주로 기술관을 뽑는 잡과에 급제한 사람들이었지. 병을 치료하는 의관, 외국 사신과의 대화를 통역하는 역관, 법률가인 율관, 관청에 속해 그림을 그리는 화원 등이 중인에 속했어. 또한 관청에서 행정 업무를 담당하던 사람들도 중인 신분이었지. 양반의 첩이 낳은 자식인 서얼*도 중인이었어. 이들은 아버지와 신분이 달랐기 때문에 아버지를 아버지라고 부르지 못하는 경우도 있었던 것 같아.

서얼
'서자'와 '얼자'를 아울러 이르는 말이야. 서자는 양반과 양인 여성 사이에서 낳은 아들이고, 얼자는 양반과 천민 여성 사이에서 낳은 아들을 가리켜.

상민은 평민이라고도 하는데 농민을 비롯해 상인, 수공업자 등이 속했어. 상민 역시 양반이나 중인처럼 과거를 볼 수 있었어. 하지만 대부분 농사를 짓거나 먹고살기 위해 종일 일해야 했기에 공부할 틈이 없었지. 어린아이들도 부모를 도와 농사를 지었어. 상민은 나라에 갖가지 세금을 냈어. 이들은 수확물 일부를 나라에 바치거나 궁궐이나 성곽 등을 짓는 데 동원되었어. 또 군대에 가거나 이를 대신해 세금을 내는 등 국방의 의무도 져야 했지.

천민은 가장 낮은 신분으로 대부분이 노비였어. 노비는 관청이나 주인집에서 온갖 허드렛일을 하며 살았지. 또 주인의 재산으로 취급되어 주인이 마음대로 사고팔거나 자식에게 물려줄 수도 있었어. 하지만 노비는 가정을 꾸리고 자기 재산도 가질 수 있었다고 해. 노비

말고도 소나 돼지를 잡는 백정이나 광대, 무당도 천민에 속했어. 천민에게는 권리가 없었기 때문에 이들은 나라에 세금을 내거나 군대에 가는 등의 의무를 지지 않았단다.

〈평생도〉에 담긴 양반의 바람은?

조선 시대에 그려진 〈평생도〉는 양반의 바람을 주제로 한 그림이야. 태어나서부터 죽을 때까지 일어나는 기쁜 일이나 축하할 만한 일들을 여러 폭의 병풍에 그려 넣었어. 자신들의 자녀나 후손이 건강하게 자라 높은 벼슬에 오르고 많은 자식을 낳아 행복하게 살라는 마음을 담은 거지. 〈평생도〉에는 돌잔치부터 좋은 짝을 만나 결혼하는 모습, 과거에 급제해 위풍당당하게 집으로 돌아오는 모습, 정승이 되어 행차하는 모습, 혼인한 지 60년이 지나 회혼례를 올리는 모습이 시간 순서대로 그려져 있어.

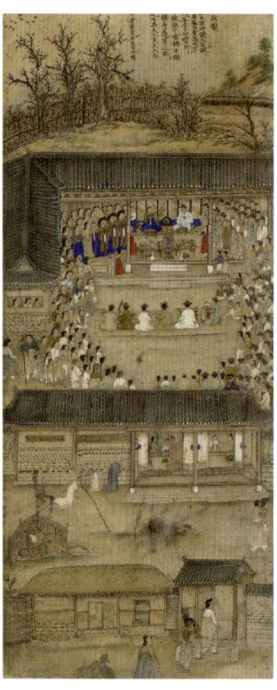  

▲ 채용신의 〈평생도〉
채용신이라는 사람의 일생을 보여 주는 병풍 그림이야.

《경국대전》에는 어떤 내용이 담겨 있을까?

"여름에는 감옥에 갇힌 죄인에게 얼음을 나누어 주었다고요?"
"그렇단다. 그게 모두 법전에 기록되어 있었지."
혜민이는 조선 시대 법전에 감옥에 갇힌 죄인까지 세심하게 돌보는 내용이 기록되어 있다는 이야기를 듣고 깜짝 놀랐어.
이 내용이 기록된 조선 시대 법전의 이름은 무엇일까? 어떤 내용이 더 담겨 있을까?

조선은 건국과 함께 법을 정리하기 시작했어. 이렇게 정리된 법은 조선의 제9대 왕 성종 때 법전의 형태로 완성되었어. 이 법전의 이름은 《경국대전》이야.

　《경국대전》은 조선의 정치, 경제, 사회, 문화 등을 다룬 기본 법전이야. 《경국대전》은 〈이전〉, 〈호전〉, 〈예전〉, 〈병전〉, 〈형전〉, 〈공전〉 순으로 되어 있는데, 이는 실제로 나랏일을 맡아보는 행정 기구인 6조의 구성과 똑같아. 이조에서는 관리를 뽑는 일과 행정 업무를, 호조에서는 세금을 걷는 일과 나라 살림을, 예조에서는 국가의 행사나 외교 문제 및 관혼상제 등을 맡아보았지. 그리고 병조에서는 국방과 군

▲ 조선의 통치 기준이 된 법전 《경국대전》

사에 관한 일을 담당하고, 형조에서는 형벌과 재판을 담당했어. 마지막으로 공조에서는 나라의 공사나 기술에 관한 일을 맡았어. 《경국대전》에는 행정 업무와 관련된 법들이 모두 들어가 있었기 때문에 6조 관리들은 《경국대전》에 따라 일을 처리했단다.

또 《경국대전》에는 왕실과 평범한 백성은 물론 가장 하층민인 노비, 그리고 죄인까지 보살피는 조항이 들어 있어. 앞에서 혜민이가 본 '여름에 죄인에게도 얼음을 내리라'는 내용도 그중 하나야. 이 외에도 결혼 연령이나 재산 상속 등 일상생활과 관련한 것까지 다양한 내용이 담겨 있단다.

《경국대전》에 실린 법률들

1. 남자는 15세, 여자는 14세가 되어야 혼인할 수 있다.

2. 여자 노비에게는 출산 이전에 30일, 출산 이후 50일 휴가를 주고, 그 노비의 남편에게는 출산 이후 15일 휴가를 준다.

3. 토지나 집, 노비를 사고팔 때에는 100일 안에 관청에 신고해야 한다.

《경국대전》 속 장애인에 대한 생각은?

조선 시대에도 장애인을 위한 훌륭한 정책이 많았어. 특히 조선 전기에는 장애가 있어도 장애가 없는 사람들과 큰 차별이 없었다고 해. 장애가 있어도 능력만 있으면 높은 벼슬을 할 수 있었지.

《경국대전》에서는 장애인을 독질인, 폐질인, 잔질인으로 분류해 기록하고 있어. 독질인은 매우 위독한 병에 걸린 사람, 폐질인은 고칠 수 없는 병에 걸린 사람, 잔질인은 몸에 병이 남아 있는 사람이라는 뜻이야.

장애인을 함부로 대하는 사람에게는 엄한 벌을 내렸어. 장애인이 살해되면 고을 수령을 물러나게 하고, 고을 전체에 책임을 묻기도 했지. 그에 비해 장애인을 정성껏 돌본 사람에게는 상을 내리고, 장애가 있는 나이 많은 부모를 둔 사람은 군역을 면제시켜 주기도 했어. 흉년이 들면 장애인에게 가장 먼저 곡식을 나눠 주고, 사람을 보내 돌보기도 했대. 또 시각 장애인을 돕기 위해 교육 기관 역할을 하는 절을 짓기도 했어.

지금보다 인권 의식이 약했던 시대이지만 장애인에 대한 생각과 정책은 꽤 앞서 있었단다.

▲ 조선 시대 화가 김준근이 그린 풍속도 속 장애인

'사화'란 무엇일까?

"저분들이 왜 끌려가는 건가요?"
"큰 잘못을 해 귀양 가는 길이라고 하는구나!"
태길이는 높은 벼슬을 하던 분들이 끌려가는 모습에 놀랐어. 마을에서 인자하기로 소문난 대감님도 계셔서 더욱 안타까웠지.
도대체 이 사람들은 무슨 잘못을 한 것일까?

세종에 이어 문종이 왕위에 올랐어. 하지만 문종은 즉위한 지 2년 남짓 만에 병으로 세상을 떠났지. 문종의 뒤를 이은 사람은 단종이었어. 아직 어린 왕을 대신해 몇몇 신하가 나랏일을 맡아 처리했어. 하지만 단종은 고작 3년 만에 왕위에서 쫓겨났어. 세종의 둘째 아들이자 왕의 작은아버지인 수양 대군이 단종을 몰아내고 스스로 왕이 되었거든. 이 사람이 바로 조선의 제7대 왕 세조야.

▲ 세조 어진 초본

세조는 자신을 도운 신하들을 공신으로 삼았어. 이들 공신은 나라의 주요 관직을 독차지하고 넓은 땅과 많은 노비를 거느렸어. 이들은 대대로 높은 벼슬을 독점하면서 조정을 이끌었지. 이렇게 공신이 된 신하들과 그 후손들을 '훈구 세력'이라고 해.

훈구 세력의 힘이 너무 세지자 성종은 이들을 견제하기 위해 새로운 정치 세력을 끌어들였어. 이들은 고향에서 열심히 성리학을 공부하고 제자를 기르는 데 힘쓰던 선비들이었지. 이들을 '사림'이라고 해.

사림은 주로 왕에게 조언을 하거나 관리들의 잘못을 비판하는 언관*을 맡았어. 사림 출신 언관들은 주로 훈구 세력의 권력 독점과 부정부패를 거세게 비판했지. 그래서 두 세력 사이에는 커다란 갈등이 생겼어. 그 결과 태길이가 본 것처럼 사림이 큰 피해를 보게 되었지.

1400년대 후반부터 1500년대 중반까지 사림이 크게 화를 당한 사

언관
조선 시대 사간원과 사헌부에 속한 벼슬로, 임금의 잘못을 지적하고 관리들의 부정 행위를 비판하는 역할을 했어.

건을 '사화'라고 불러. 대표적인 사화가 네 차례 있었지.

첫 번째 사화는 1498년에 일어났어. 조선의 제10대 왕 연산군은 나랏일뿐 아니라 사사건건 자신의 행동을 비판하는 사림이 못마땅했어. 이때 훈구 세력은 사림 출신의 김종직이 쓴 〈조의제문〉이라는 글을 문제 삼았지. 이 글은 과거 중국 초나라의 장수 항우가 어린 황제를 죽이고 왕위에 오른 일을 두고 황제를 애도하기 위해 쓴 글이었어. 훈구 세력은 이 글이 세조가 어린 조카 단종을 쫓아낸 것을 빗대어 비난한 것이라고 주장했지. 세조의 자손인 연산군은 이 주장을 구실 삼아 수많은 사림을 죽이거나 귀양 보냈어.

두 번째 사화 역시 연산군 때 일어났어. 연산군의 친어머니인 윤씨는 남편이었던 성종과 사이가 나빴어. 머지 않아 윤씨는 폐비*가 되었고 사약을 받았지. 연산군은 왕위에 오른 뒤 자신의 어머니인 폐비 윤씨의 죽음에 관여한 신하들을 모조리 죽여 버렸어. 이때 사림뿐 아니라 폐비 윤씨를 내쫓는 데 동의했던 훈구 세력도 죽임을 당했어. 연산군은 분이 풀리지 않았는지 이미 죽은 사람의 관을 파헤쳐 목을 베는 일까지 저질렀지.

폐비
왕비의 자리에서 물러나게 된 왕비를 말해.

세 번째 사화는 1519년 중종 때 일어났어. 중종은 잔인한 행동을 일삼았던 연산군을 쫓아내고 왕위에 올랐지. 이때 중종이 왕이 되는 것을 도왔던 신하들은 공신이 되었어. 중종 역시 조정을 장악한 훈구 세력을 견제하기 위해 조광조를 비롯한 많은 사림을 등용했어. 조광조는 훈구 세력을 거침없이 비판했고, 학문과 덕이 뛰어난 인재를 추천해 관리로 뽑는 현량과를 실시했어. 그 결과 사림의 관직 진출이 늘어났지. 하지만 중종은 조광조의 생각이 너무 과격하다고 여겨 조광조를 점점 멀리하기 시작했어. 그러자 훈구 세력은 '조광조와 사림이 중요 관직을 차지하고 정치를 어지럽히니 마땅히 쫓아내야 한다'고 상소를 올렸어. 중종은 이를 받아들여 조광조를 비롯한 사림을 조정에서 몰아냈단다. 귀양 간 조광조는 결국 사약을 받고 죽음을 맞았어.

    1545년, 명종 때 또 한 번의 사화가 일어났어. 왕의 자리를 놓고 왕의 친척들 간에 다툼이 있었는데, 이때 또 사림이 탄압을 받았어. 이렇게 여러 차례 사화를 겪을 때마다 사림들은 크게 피해를 입었어.

    하지만 사림은 이대로 무너지지 않았어. 사림은 지방에 교육 기관인 서원을 세워 제자를 길러 냈어. 서원은 성리학 교육뿐 아니라 사림의 의견을 모으는 역할도 했지. 그리고 사림은 마을 안에서 지켜야 할 규칙인 향약을 만들어 보급해 지역 사회를 이끌었어. 이렇게 사림은 지방에서 여전히 세력을 유지해 나갔지. 사림은 차츰 훈구 세력을 대신해 조선의 새로운 중심 세력으로 등장하게 된단다.

향약이란?

향약은 중종 때 조광조와 같은 사림이 보급하기 시작해 1500년대 후반 사림들의 노력으로 널리 퍼졌어. 향약은 지방 사회의 풍속을 바르게 하고 질서를 유지하는 중요한 역할을 했지. 향약에서 강조한 주요 덕목이 뭔지 함께 살펴볼까?

① 덕업상권(德業相勸): 좋은 일은 서로 권한다.
② 과실상규(過失相規): 잘못이나 허물은 서로 바로잡는다.
③ 예속상교(禮俗相交): 예의에 맞는 풍속으로 서로 사귄다.
④ 환난상휼(患難相恤): 어려운 일이 닥쳤을 때는 서로 돕는다.

▼ 도산 서원
사림들이 세운 서원은 지방의 교육 기관 역할뿐 아니라 뛰어난 업적을 남긴 유학자들의 제사를 지내는 곳이기도 했어.

조광조는 어떤 개혁을 하려고 했나?

 조광조는 훈구 세력에 맞서 개혁을 추진하다가 죽음을 맞았어. 조광조가 펼치려고 한 개혁은 무엇이었을까?

 조선에서는 과거 시험을 통해 관리를 뽑았어. 하지만 시험을 잘 보았다고 해서 사람 됨됨이가 훌륭하거나 나랏일을 잘하는 건 아니었지. 그래서 조광조는 학문과 인품이 뛰어난 인재를 추천 받고 면접을 통해 관리를 선발하는 '현량과'를 실시하자고 했어. 한편으로는 지방에 향약을 널리 실시하려 했지. 또한 공신들을 다시 평가해 공신의 자격이 없는 관리들의 자격을 빼앗아야 한다고 주장했어. 당연히 훈구 세력들이 가만있지 않았겠지? 결국 조광조는 귀양을 가게 되었고, 귀양지에서 사약을 받고 목숨을 잃었단다.

▲ 경기도 용인에 자리한 조광조의 묘

조선 시대 학교를 둘러볼까?

"길복이는 오늘도 훈장님께 회초리를 맞았구나!"
"공부도 안 하고 맨날 밖에서 놀기만 하더니……."
한쪽에서 훌쩍이고 있는 길복이를 보며 아이들이 수군거렸어. 몇몇 아이들은 안타까운 표정으로 바라보았고, 몇몇 아이들은 쌤통이라는 표정을 지었지.
훈장님과 아이들이 있는 이곳은 어디일까?

조선은 유학을 널리 퍼뜨리고 인재를 길러 내기 위해 학교를 세웠어. 서당, 학당과 향교, 성균관 등이 바로 그런 교육 기관이지.

오늘날 초등학교에 해당하는 서당은 각 고을마다 있었어. 서당에서는 기초 한자 교과서인 《천자문》과 아동용 교과서인 《동몽선습》을 배우며 글과 예절을 익혔어. 서당에는 양반의 자식뿐만 아니라 상민의 자식도 다닐 수 있었어. 하지만 대부분의 상민 아이들은 농사일을 도와야 했기 때문에 실제로는 다니기 힘들었다고 해. 서당에 내는 수업료도 만만치 않았어. 그래서 서당에 다니는 학생들은 대부분 양반의 자제였지.

"하늘 천, 땅 지, 검을 현, 누를 황······."

아이들은 한자를 반복하여 읽고 또 읽었어. 같은 글을 100번 넘게 읽기도 했지. 그러고 나서 그 뜻을 질문하고 답하며 공부를 해 나갔어. 제

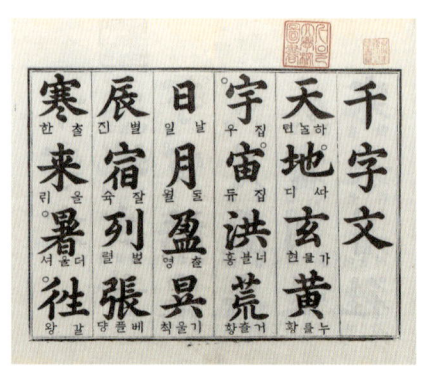

▲ 《천자문》

대로 답을 하지 못하면 이해할 수 있을 때까지 반복해서 글을 읽었지.

아이들이 맨날 서당에서 공부만 한 건 아니야. 무더운 여름날에는 시원한 냇가에 발을 담그고 놀며 공부로 쌓인 스트레스를 날려 버리기도 했어. 서당에는 방학도 있었는데, 시기는 지금과 달랐어. 보통

▲ 강릉 향교

모내기 철같이 농사일이 가장 바쁜 시기에 방학을 했단다.

학당과 향교는 지금의 중고등학교와 같은 교육 기관이야. 한양 네 곳에 학당이 세워졌고, 각 고을에 향교가 세워졌지. 향교는 나라가 세운 교육 기관으로 공자를 비롯해 큰 업적을 남긴 유학자들에게 제사를 지내고, 학생들에게 유학을 가르쳤어.

조선 중기에는 서원이 많이 생겨났어. 서원은 학문이 높은 학자의 제자들이 지방에 세운 사립 교육 기관이야. 나라에서는 서원에 땅과 노비, 책 등을 내리기도 했지.

▲ 성균관 대성전(서울 종로구)

조선 최고의 교육 기관은 성균관으로 한양에 있었어. 성균관에 입학하는 학생은 대부분 양반의 자식이었어. 성균관에는 공자와 여러 유학자들에게 제사를 지내는 대성전, 학생들이 글공부를 하고 모여서 토론도 하는 명륜당, 기숙사인 동재와 서재가 있었지. 성균관을 졸업하면 과거의 가장 마지막 단계인 대과를 볼 수 있었어. 대과에 합격하면 성적에 따라 관직에 나아갈 수 있었지.

생각 톡톡

조선 시대의 과거 시험은?

조선 시대에 관리가 되려면 꼭 과거에 합격해야 했어. 과거에는 문과와 무과, 잡과가 있었는데 3년에 한 번 시험을 치르는 식년시와 나라에 경사가 있을 때 특별히 치르는 별시가 있었어. 문과는 행정적인 일을 하는 문관을, 무과는 군대를 지휘할 무관을, 잡과는 기술관을 선발하는 시험이지. 이 중에서 문과를 가장 중요하게 여겼어.

문과 시험은 상민 이상이면 볼 수 있었어. 하지만 공부를 많이 해야 해서 대부분 양반의 자제들이 응시했지. 문과는 또 소과와 대과로 나뉘어졌어. 소과에 합격하면 생원, 진사가 되었는데, 이들에게는 성균관에 입학할 수 있는 자격이 주어졌어. 대과는 생원이나 진사가 성균관에 입학해 일정 기간 동안 공부하면 응시할 수 있었어. 대과의 최종 시험은 왕 앞에서 치러졌는데 33명을 뽑았어. 최고 점수를 얻은 장원 급제자는 높은 관직에 나갈 수 있었기 때문에 장원 급제를 가문의 영광으로 여겼단다.

이번엔 꼭 붙어야 하는데…….

조선 시대 아이들은 어떻게 생활했을까?

"정금아, 너도 같이 놀자!"
아이들은 풀로 각시 인형을 만들어 놀고 있었어. 그 모습을 지켜보는 여덟 살 난 정금이도 친구들과 놀고 싶었지. 하지만 울고 있는 막냇동생을 돌보느라 놀 수가 없었어.
"오늘따라 기동이는 왜 이렇게 우는 거야?"
정금이가 동생을 돌봐야 했던 이유는 무엇일까?

조선 시대 아이들은 하루를 어떻게 보냈을까? 500여 년 전이나 지금이나 아이들의 마음은 같았을 거야. 하루 종일 원 없이 신나게 놀고 싶었겠지? 하지만 하루 종일 노는 건 당시에도 꿈같은 일이었어.

아이들 역시 어른들처럼 신분에 따라 다른 하루를 보냈어. 아이들이지만 각자 해야 할 일이 주어져 있었거든. 정금이처럼 동생을 돌보느라 놀지 못하는 아이도 있었지.

양반 아이들은 어려서부터 지켜야 할 예의범절을 배웠어. 아침 일찍 일어나 어른들께 아침 인사를 드리며 하루를 시작했지. 남자아이들은 머리에 복건을 쓰고 겉옷 위에 소매가 없는 옷인 전복을 입었어. 여자아이들은 고운 치마와 저고리를 차려입었지. 부잣집 아이들은 가죽 신발을 신기도 했는데, 여자아이들의 꽃신은 화려하면서도 예뻤어. 하지만 양반이었기 때문에 조심해서 행동해야 했단다.

같은 양반이라도 남자아이와 여자아이의 삶은 달랐어. 5~6살이 되면 남자아이들은 서당에 다니며 글공부를 시작했어. 서당을 졸업하면 향교에 들어가 공부를 이어 갔지. 이들은 과거에 합격하기 위해서 하루 대부분을 공부하며 보냈어.

하지만 틈틈이 놀기도 했어. 아이들은 승경도놀이를 즐겨 했는데, 승경도놀이는 관직 이름이 적힌 말판에서 말을 움직여 승패를 가르는 놀이야. 고을모둠 놀이도 즐겨 했어. 고을 이름을 한자로 적은 뒤 알아맞히는 놀이였지. 시 빨리 짓기 놀이도 양반 남자아이들이 즐겨 하던 놀이야. 서당에 다니는 아이들은 편을 갈라 가마싸움*을 하기도 했대.

양반 여자아이는 글공부 대신 수를 놓고, 어머니에게 집안일을 배웠어. 글은 한글이나 기초적인 한자 정도만 배웠지. 여자아이들은 마음대로 집 밖에 나갈 수 없었어. 그래서 명절이면 널뛰기를 하며 바깥 구경을 하기도 했지.

가마싸움
추석에 하는 전통 놀이로, 아이들이 편을 갈라 바퀴 달린 가마를 맞부딪쳐서 먼저 상대편의 가마를 부수거나 빼앗으면 이겼어.

◀ 무명으로 만든 저고리

무명옷
솜을 자아 만든 실로 천을 짜서 지은 옷을 뜻해.

상민 아이들은 양반 자제들이 입는 곱고 예쁜 비단옷은 꿈도 꿀 수 없었어. 무명옷*을 입은 아이들이 많았지. 남자아이들은 농사일을 돕거나 소에게 먹일 풀을 베고 산에서 땔나무를 구해야 했어. 일이 끝나고서야 골목에 모여 고누 놀이, 팽이 돌리기, 공기놀이 등을 하며 놀았어. 여름에는 개울가에서 물놀이도 하고 겨울에는 썰매도 탔단다. 상민 여자아이들은 밥 짓기, 빨래하기, 청소하기, 나물 캐기 등의 집안일을 하거나 동생을 돌보았지.

◀ 공기놀이를 하는 아이들

조선 시대의 놀이를 알아볼까?

1) 승경도놀이

양반가 자제들이 즐겨 하던 승경도놀이는 '벼슬살이하는 그림'이라는 뜻으로 지금의 보드게임 같은 놀이야. 관직에 대해 가르치기 위해 만들어진 놀이지. 말판에는 조선의 주요 관직 이름이 적혀 있어. 나무 주사위를 굴려 높은 벼슬에 먼저 도달한 사람이 이기는 놀이란다. 놀이 안에서 사약을 받고 귀양을 가기도 하지. 그런데 이 놀이는 아이들뿐 아니라 어른들도 즐겼다는 기록이 있어. 관청의 관리들이 밤새 승경도놀이를 했다는구나.

▲ 승경도놀이 판과 주사위

2) 고누 놀이

승경도놀이가 양반집 아이들이 즐긴 놀이라면 고누 놀이는 상민 아이들이 즐긴 대표적인 놀이야. 땅이나 나무판에 여러 가지 모양을 그린 뒤에 말을 움직여 상대방의 집을 차지하면 이기는 놀이야. 줄고누, 호박고누 등 다양한 모양을 그려서 했어.

▲ 김홍도의 풍속화 〈고누 놀이〉

생각 톡톡

《조선왕조실록》은 어떻게 만들어졌을까?

"조선 시대에 코끼리가 귀양을 갔었대."
"그걸 어떻게 알아?"
학교에서 친구가 들려주는 이야기를 듣고 어진이는 너무 신기했어. 어떻게 조선 시대 이야기를 그렇게 자세히 알 수 있는지 궁금했지.
친구는 조선 시대에 일어난 일을 어떻게 알았을까?

조선에서는 새로 왕이 즉위하면 실록청을 설치하고 앞서 나라를 다스렸던 왕이 남긴 여러 기록을 모아 책으로 엮었어. 이렇게 만들어진 책이 바로 《조선왕조실록》이야. 《조선왕조실록》에는 조선을 세운 태조부터 제25대 왕 철종까지 472년간의 기록이 고스란히 정리되어 있어. 어진이의 친구는 《조선왕조실록》을 읽고 조선 시대에 무슨 일이 벌어졌는지 알 수 있었던 거야.

조선에서는 왜 실록을 펴냈을까? 후손들에게 있었던 사실을 그대로 알리기 위해서야. 그래서 왕의 업적이나 행동, 나랏일뿐만 아니라 백성이 어떻게 살았는지 모두 기록했지. 이 기록은 사관이라고 하는 신하들이 남겼어.

사관은 왕 가까이에서 머물며 보고 들은 것을 있는 그대로 기록했어. 사관이 남긴 기록을 '사초'라고 하는데, 실록을

▶ 《조선왕조실록》

편찬하는 기본 자료가 되었어. 여기에 승정원*에서 기록한 《승정원일기》 등 여러 기관의 기록과 개인이 지은 문집 등을 모으고 정리해 《조선왕조실록》을 펴냈지.

승정원
조선 시대 왕의 명령을 전하던 임금 직속 기관이야. 오늘날로 치면 대통령 비서실과 같지.

실록 편찬 작업이 끝나면 사관들이 남긴 사초를 없앴어. 이를 '세초'라고 해. 세초는 개울가에서 기록이 적힌 종이를 씻어 내 새 종이로 만드는 거야. 이렇게 세초 작업을 한 이유는 크게 두 가지였어. 첫째, 사초를 누가 어떻게 썼는지 모르게 하기 위해서였어. 사관들이 눈치 보지 않고 자유롭게 기록할 수 있도록 한 거야. 둘째, 종이를 아끼기 위해서지. 사초를 쓸 때 사관은 사건에 대한 자신의 생각을 있는 그대로 적는 경우가 많았어. 그래서 사관이 남긴 기록 때문에 조

정에서 싸움이 터지거나 사관이 화를 입는 일이 생기곤 했지. 앞서 연산군이 일으켰던 첫 번째 사화도 사관이 남긴 사초 때문에 일어난 사건이었어. 이런 일을 막기 위해서라도 사초를 없앨 필요가 있었지. 게다가 당시에 종이는 몹시 비싸고 귀한 물건이었어. 사관은 왕 옆에서 온갖 것들을 기록해야 했으니 하루에 쓰는 종이만 해도 그 양이 어마어마했을 거야. 이 많은 종이를 한 번만 쓰고 버리기에는 너무 아까웠지. 그렇기 때문에 종이를 조심스럽게 씻어 내 먹물만 빼 내고 잘 말려 다시 사용한 거란다.

사관이 남긴 기록은 무척 중요하게 취급되었어. 그래서 사관이 쓴 사초나 《조선왕조실록》은 조선 최고의 권력자인 왕조차도 함부로 볼 수 없었어. 한번 실록에 쓰여진 내용은 고칠 수도 없었어. 그래서 《조선왕조실록》에는 왕이 저지른 실수나 잘못도 모두 기록되어 있지. 어떤 왕은 인재를 볼 줄 몰라 자기 이익만 생각하는 사람들을 신하로 뽑았다고 적혀 있고, 나랏일은 나 몰라라 하고 술에 빠져 지내던 왕의 모습도 그대로 적혀 있어. 심지어 태종은 사냥하다 말에서 떨어졌는데, 이 실수가 부끄러워 자신이 말에서 떨어진 것을 사관이 모르게 하라고 했대. 그런데 사관이 이를 알고 '사관이 모르게 하라고 했다'는 내용까지 적은 거야. 그러다 보니 왕들은 말 한마디 행동 하나하나 조심했어. 물론 사관도 사초를 함부로 고치거나 떠벌리면 큰 벌을 받았지.

《조선왕조실록》을 편찬하는 것 못지않게 보관하는 일도 중요했어. 책에 습기가 차지 않고 해충의 피해가 없도록 보관함에 넣어 전국에 있는 네 곳의 사고*에 나누어 보관했지. 혹시라도 실록이 불에 타거나 없어지는 걸 막기 위해 여러 곳에 보관한 거야. 지금은 서울대학교 규장각 한국학연구원, 국가기록원 등에 보관되어 있어.

사고
나라의 역사 기록이나 중요한 책, 문서를 보관하는 국가의 책 창고를 말해.

▲ 《조선왕조실록》을 보관했던 오대산 사고

　《조선왕조실록》은 조선 시대의 역사를 충실하게 담고 있다는 가치를 인정받아 1997년 유네스코 세계 기록 유산으로 등재되었단다.

《조선왕조실록》에 나오는 특별한 이야기는?

첫 번째 이야기

《태종실록》에는 코끼리에 관한 흥미로운 기록이 남겨져 있어.

> 일본에서 사신을 보내어 코끼리를 바쳤다. 코끼리를 삼군부에서 기르도록 명했다. 이우라는 사람이 기이한 짐승이 있다 하여 가 보았는데, 그 꼴이 추하다고 비웃고 침을 뱉었다. 코끼리가 화가 나 이우를 밟아 죽였다.

얼마 후 관리들은 코끼리에 관해 왕에게 의견을 올렸어.

> "일본에서 바친 코끼리는 전하께서 좋아하고 아끼는 것도 아니며, 또한 나라에 이익도 없습니다. 두 사람을 해쳤는데, 법으로 따지자면 사람을 죽였으니 죽이는 것이 마땅합니다. 또 일 년에 먹이로 콩 수백 석이 들어가니 전라도의 섬으로 보내소서."
> 임금이 웃으면서 그대로 따랐다.

그런데 섬에 유배된 코끼리가 점점 여위고 눈물만 흘린다는 소식이 들려왔어. 이 소식을 들은 임금은 코끼리를 다시 육지로 데려오라고 명령했어. 그런데 코끼리를 돌보는 일은 너무 힘들었어. 어쩔 수 없이 전라도, 충청도, 경상도에서 돌아가며 기르기로 했지. 하지만 코끼리를 돌보던 사람이 목숨을 잃는 사고가 발생했어. 결국 코끼리는 다시 섬으로 쫓겨났단다.

두 번째 이야기

《광해군일기》에는 1609년 음력 8월, 강원도와 평안도에서 하늘에 이상한 물체가 나타났다는 기록이 남아 있어.

강원 감사 이형욱이 보고를 올렸다.

"간성군에서 8월 25일 푸른 하늘에 쨍쨍하게 태양이 비치고 사방에는 한 점의 구름도 없었는데 우레 소리가 났습니다. (……) 형체는 햇무리와 같았고 움직이다가 한참 만에 멈추었으며 우레 소리는 마치 북소리와 같았습니다.

원주목에서는 같은 날, 붉은 색으로 베처럼 생긴 것이 길게 흘러 남쪽에서 북쪽으로 갔는데, 천둥소리가 크게 나다가 잠시 뒤에 그쳤습니다.

강릉부에서는 해가 환하고 맑았는데 갑자기 어떤 물건이 하늘에 나타나 작은 소리를 냈습니다. 형체는 큰 호리병과 같은데 위는 뾰족하고 아래는 컸으며, 하늘 한가운데서부터 북쪽을 향하면서 마치 땅에 추락할 듯하였습니다. 아래로 떨어질 때 그 형상이 점차 커졌는데, 그 색은 매우 붉었고 지나간 곳에는 연이어 흰 기운이 생겼다가 한참 만에 사라졌습니다. 이것이 사라진 뒤에는 천둥소리가 들렸는데, 그 소리가 천지를 진동했습니다."

정말 조선 시대에 UFO(미확인 비행 물체)가 나타났던 걸까?

일본이 조선을 침략한 이유는?

"공격하라!"
큰 소리와 함께 일본 군사들이 무기를 들고 사람들을 겨눴어. 무기가 불을 뿜을 때마다 사람들은 피를 흘리며 그 자리에 쓰러졌지. 마을은 금세 아수라장이 되었어. 돌이는 아버지의 손을 꼭 붙들고 다급하게 몸을 피하려 했어.
누가, 왜 돌이네 마을을 공격한 걸까?

1500년대 말, 한반도 주변에서 여러 변화가 일어났어. 중국에서는 명나라가 점점 기울고, 만주 지역에서는 여진이 착착 힘을 기르고 있었어. 일본에서는 도요토미 히데요시가 오랫동안 쪼개져 있던 전국을 통일했지. 일본을 통일한 도요토미 히데요시는 바다 건너 조선과 명나라까지 차지하겠다는 야심을 품었어. 그래서 '명나라를 칠 것이니 길을 빌려 달라'는 구실을 내세워 조선을 침략했지.

▲ 도요토미 히데요시
도요토미 히데요시는 일본 전국 시대를 통일한 뒤 임진왜란을 일으켜 조선을 공격했어.

1592년 임진년, 조총으로 무장한 일본군이 부산 앞바다로 쳐들어왔어. 이렇게 임진왜란이 시작되었지. 오랜 평화 속에 전쟁 대비를 하지 못한 조선은 갑작스런 일본군의 공격에 제대로 방어할 수 없었어.

부산을 빼앗은 일본군은 거침없이 북쪽으로 올라왔어. 전쟁이 일어난 지 20일도 안 되어 한양이 일본군의 손아귀에 들어갈 위기에 처하자 임금인 선조와 신하들은 서둘러 피란했어. 황급히 떠나는 왕을 보며 백성들은 임금이 백성과 궁을 내버려 두고 도망친다며 분통을 터뜨렸지. 선조는 평양을 거쳐 압록강 근처 의주까지 갔어. 심지어는 명나라로 건너가려고 했지. 이때 선조를 대신해 세자였던 광해군이 전쟁터를 누비며 백성들을 챙기고 나랏일을 돌보았어.

▲ 〈동래부 순절도〉
임진왜란 당시 동래성 전투를 그린 기록화야. 동래성의 백성들은 필사적으로 저항했지만 일본군을 당해 낼 수 없었어. 하루 만에 성이 무너졌고, 수많은 백성이 학살당했지.

곧 전국 각지에서 일어난 의병과 이순신이 지휘하는 수군이 큰 활약을 펼치기 시작했어. 특히 이순신의 수군은 식량을 실은 일본군의 배를 공격해 보급을 족족 끊어 버렸지. 식량을 제때 받지 못한 일본군은 쫄쫄 굶거나 조선 백성들의 식량을 빼앗아 겨우겨우 버텨야만 했어.

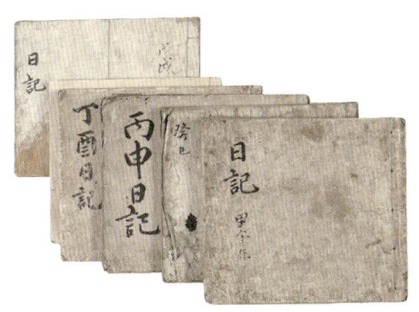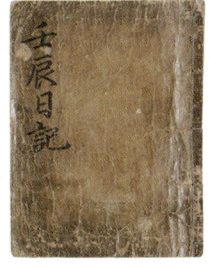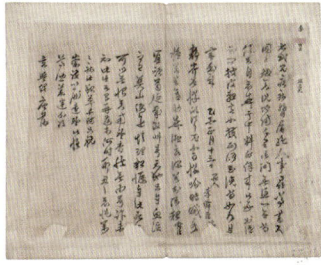

▲ 《난중일기》
이순신이 임진왜란 시기에 쓴 일기야. 당시 전쟁의 상황은 물론 가족에 대한 그리움 등 이순신 개인이 느꼈던 감정도 상세하게 기록되어 있지.

우의정이자 병조 판서를 겸하고 있던 류성룡의 추천으로 수군 지휘관이 되었던 이순신은 군사를 훈련시키고 거북선을 만들었어. 이순신은 한산도 앞바다에서 일본 수군을 공격해 큰 승리를 거두었지.

바다에서의 패배로 식량이 부족해진 일본군은 곡식이 풍부한 전라도를 차지하려고 했어. 하지만 곽재우, 조헌 등이 이끄는 의

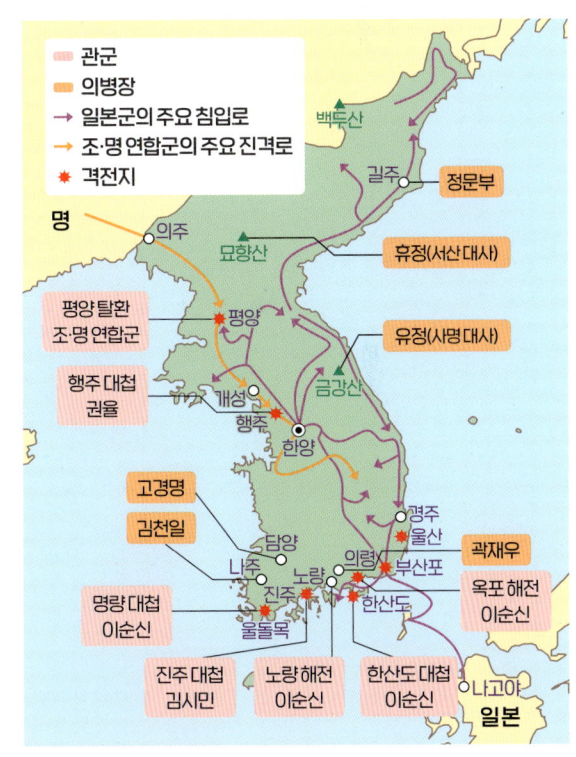

▲ 임진왜란 격전지

▲ 행주대첩비

병이 일본군에 맞서 싸웠지. 진주성에서는 김시민 장군의 군대가 일본군에게 큰 승리를 거두었어. 진주성에서의 승리와 조선 수군들의 활약 덕분에 전라도를 지켜 낼 수 있었단다.

그즈음 명나라에서 보낸 지원군이 도착했어. 명나라까지 전쟁에 뛰어들면서 임진왜란은 국제 전쟁이 되었어. 조선과 명나라 연합군은 평양성을 되찾고 일본군을 남쪽으로 밀어붙였지.

연합군의 공격에 쫓겨 내려온 일본군은 행주산성에서 크게 패했어. 권율이 이끄는 군대와 백성들이 똘똘 뭉쳐 일본군에 맞섰지. 이 날 조선은 2,000여 명의 군사로 3만여 명의 일본군을 물리쳤어. 이 전투를 행주 대첩이라고 불러.

행주산성에서 크게 패한 일본군은 한양을 포기하고 남쪽으로 내려갔어. 그러고선 협상을 제안했지. 조선은 이에 응하지 않으려 했어. 하지만 명나라는 협상에 나섰어. 협상은 3년이나 이어졌지만 일본이 한반도 절반을 달라고 하는 등 무리한 요구를 하면서 결국 깨졌어. 조선으로서는 절대 받아들일 수 없는 조건이었지.

1597년, 일본은 다시 조선에 쳐들어왔어. 이 전쟁을 '정유년에 다시 일어난 난리'라고 해서 정유재란*이라고 하지. 조선은 1차 침입 때와 달리 육지로 올라온 일본군을 잘 막아 냈어. 하지만 바다에서의 상황은 달랐어. 원균이 이끄는 수군이 일본군을 상대로 크게 패배

정유재란
1592년 임진왜란과 1597년 정유재란을 각각 구분해서 부르기도 하고 1차 침입(임진왜란)과 2차 침입(정유재란)을 통틀어 임진왜란이라고 하기도 해.

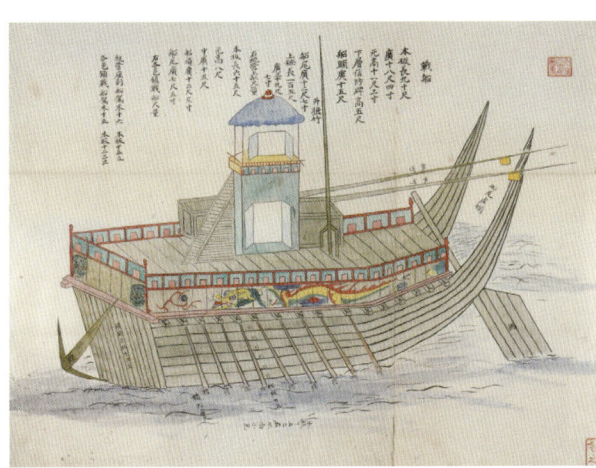

◀ **조선의 군함 판옥선**
조선 시대 명종 때 개발한 것으로 임진왜란에서 크게 활약했어. 판옥선은 일본의 배에 비해 크고 튼튼할 뿐만 아니라 공격에도 유리하게 설계된 배였어.

한 거야.

다급해진 선조는 다시 이순신에게 수군의 지휘를 맡겼어. 군사도 부족하고 배도 12척밖에 없었지만 이순신은 군사들의 사기를 북돋우며 전쟁터로 나아갔어. 그리고 울돌목(명량)에서 130여 척이 넘는 일본 배를 격파하며 큰 승리를 거두었지.

일본군은 더 이상 싸울 힘이 남아 있지 않았어. 게다가 임진왜란을 일으켰던 도요토미 히데요시가 병으로 죽었지. 이 소식에 일본군의 사기는 땅에 떨어졌어. 조선 수군은 후퇴하는 일본군과 노량에서 큰 전투를 벌였지. 조선은 이 전투에서 대승리를 거두었지만, 안타깝게도 이순신은 일본군이 쏜 총에 맞아 목숨을 잃었어.

이로써 7년 동안의 긴 전쟁이 드디어 끝났지. 조선의 많은 백성들이 목숨을 잃었고 땅은 황폐해졌어. 경복궁과 불국사 등 수많은 건물도 잿더미가 되었지.

조선과 일본, 명나라가 참전한 국제 전쟁이었던 임진왜란은 이후 동아시아 질서에도 많은 영향을 미쳤어.

임진왜란을 도자기 전쟁이라고 부르는 이유는?

생각 톡톡

　임진왜란을 도자기 전쟁이라고 부르기도 해. 도자기 제작 기술이 발달하지 못했던 일본은 조선의 도자기를 무척 좋아했어. 그래서 전쟁 중에 도자기를 빼앗아 간 것은 물론이고 이삼평을 비롯한 150여 명의 도공*들을 일본으로 끌고 갔지.

도공
도자기를 만드는 기술자를 말해.

　이삼평은 아리타 지역에서 도자기 원료를 발견하고 일본에서 처음으로 백자를 굽기 시작했어. 이후 곳곳에서 도공들이 모여들면서 아리타는 도자기 마을로 유명해졌지. 그러자 아리타 지역의 영주는 이삼평을 비롯한 도공들을 적극 후원했고, 일본의 도자기 기술은 더욱 발전했어. 이후 아리타 도자기는 유럽에서 큰 인기를 누리며 세계적인 명품이 되었어. 일본에서는 이삼평을 도자기의 시조라는 뜻으로 도조라고 불러. 그리고 아리타에서는 매년 도조제를 열어 그를 기리고 있단다.

▲ 아리타 도자기

▲ 도조 이삼평을 기리기 위해 일본에 세워진 비석

청나라는 왜 조선을 침략했을까?

"아버지, 지금 어디로 가고 있는 거예요?"
"남쪽으로 간단다. 임금님과 신하들도 다 피란하고 있지."
세진이와 아버지의 표정은 몹시 어두웠어. 북쪽에서 적이 쳐들어와 급하게 피하고 있었거든. 임금님과 신하들도 궁궐을 떠났다는 말을 들으니 앞으로 어찌 될지 너무 막막했어.
나라의 앞날은 어찌 될까?

명나라가 흔들리는 동안, 조선과 국경을 맞댄 만주 지역에서는 큰 변화가 나타났어. 누르하치가 여진족을 통일하고 후금이라는 나라를 세운 거야. 후금은 점점 세력을 키워 명나라를 조금씩 압박하기 시작했어.

후금이 명나라를 위협하자 명나라는 조선에 군대를 보내라고 요구했어. 신하들은 임진왜란 때 병사를 보내 준 명나라와의 의리를 지켜야 한다며 지원군을 보내자고 했지. 하지만 임금인 광해군은 고민에 빠졌어. 명나라를 돕자니 후금이 가만있지 않을 것 같았거든. 그렇다고 명나라의 요구를 무시할 수도 없었어. 결국 광해군은 군대를 보내기로 결정했어. 그러고는 장수 강홍립에게 명나라의 말을 그대로 따르지 말고 상황에 따라 대처하라는 명을 내렸어.

강홍립은 광해군의 명령대로 군대를 이끌고 가 명나라를 도왔어. 하지만 명나라는 후금을 당해 내지 못했지. 그러자 상황을 보고 있던 강홍립은 후금에 항복했어. 광해군은 오래전부터 조선과 관계가 깊었던 명나라와 새롭게 힘을 키우고 있던 후금 사이에서 어느 쪽에도

치우치지 않는 중립 외교를 펼친 거야. 하지만 신하들은 임진왜란 때 도와준 명나라를 저버린 행동이라며 광해군을 비판했어.

거기다 광해군이 새어머니인 인목 대비를 궁 외딴곳에 가두고 어린 이복동생 영창 대군을 죽이는 일이 일어났어.

신하들은 새어머니를 내쫓고 어린 동생을 죽인 광해군의 행동을 구실 삼아 광해군을 몰아내고 인조를 새 왕으로 즉위시켰어. 이를 '인조반정'이라고 해.

왕이 된 인조는 광해군과는 다른 정책을 펼쳤어. 신하들이 주장한 대로 명나라와 가까이 지내고 후금과 관계를 끊었지. 하지만 인조의 태도는 후금을 화나게 했어. 후금은 명나라와 전쟁을 준비하고 있었어. 그런데 국경을 맞댄 조선이 명나라와 가까이 지내며 후금을 견제한 거야. 후금은 명나라와 조선이 손을 잡고 양쪽에서 자신을 공격하

지 않을까 걱정이 되었지. 그래서 명나라와 전쟁을 벌이기 전에 조선을 먼저 공격했어.

1627년, 후금은 군대를 앞세워 조선에 쳐들어왔어. 이를 '정묘호란'이라고 해. 후금이 쳐들어오자 인조와 신하들은 서둘러 강화도로 몸을 피했어. 얼마 후 인조는 후금과 형제의 나라로 지내기로 약속하고 후금 군대는 물러갔지. 겉으로는 형제처럼 사이좋게 지내자는 것 같지만 실제로는 조선이 후금의 요구를 들어주어야 하는 입장이 된 것이었어.

이후 후금의 지배자 홍타이지는 나라 이름을 '청'으로 바꿨어. 그러고는 인조에게 청나라를 황제의 나라로 인정하고, 형제 관계가 아닌 군주와 신하의 관계로서 자신들을 섬기라고 요구했지. 그동안 오랑캐로 여겼던 민족을 갑자기 떠받들라니 조선으로서는 도저히 받아들일 수 없었어. 그러자 1636년, 홍타이지(청나라 태종)는 직접 군대를 이끌고 조선으로 쳐들어왔어. 이렇게 병자호란이 일어난 거야.

청나라의 군대는 순식간에 한양 근처까지 왔고, 왕비와 왕자를 비롯한 왕실 사람들은 급히 강화도로 피했어. 하지만 인조와 신하들은 청나라군에게 막혀 강화도로 가는 대신 남한산성(경기도 광주)으로 향했지. 세진이와 아버지도 이 소식을 듣고 피난을 가게 된 거야.

▲ 남한산성

　청나라 군대는 남한산성을 둘러싸고 공격하기 시작했어. 하지만 산성은 쉽게 무너지지 않았지. 남한산성은 지형이 가팔라 공격하기 어렵고 방어 시설이 잘 갖춰져 있었거든. 조선군은 온 힘을 다해 청나라군에 맞서 싸웠어. 하지만 매서운 칼바람이 부는 한겨울에 식량마저 점점 바닥이 나자 버티기 힘들어졌어. 성 밖 지원군도 번번이 청나라군에게 무릎을 꿇었지. 이런 상황에서 신하들은 의견이 둘로 나뉘었어. 청나라에 끝까지 맞서 싸워야 한다는 신하들과 청나라에 항복하고 전쟁을 그만두어야 한다는 신하들이 대립했지.

그 와중에 강화도로 피란한 왕자들마저 인질로 잡히자 인조는 더이상 버틸 수 없다고 판단했어. 남한산성으로 피란한 지 45일 만에 청나라에 항복하겠다는 뜻을 전달했지. 인조는 송파 나루 근처에 있는 삼전도에서 항복 의식을 치렀어. 청나라 태종에게 큰절을 세 번 하고 머리를 아홉 번 조아리는 거였지. 한 나라의 임금이 오랑캐로 여겼던 나라에 치욕스럽게 무릎을 꿇은 거야.

조선은 명나라와의 관계를 끊고 청나라를 섬기기로 약속했어. 또 인조의 첫째 아들 소현 세자와 둘째 아들 봉림 대군을 비롯해 많은 신하들이 청나라에 인질로 끌려가야 했어. 병자호란으로 조선의 자존심은 땅에 떨어졌지.

　백성들 역시 큰 고통을 겪었어. 임진왜란이 일어난 지 얼마 되지 않아 병자호란이 일어나 또다시 많은 사람들이 목숨을 잃은 데다 농사지을 땅마저 엉망이 되었어. 두 차례의 전쟁으로 조선은 크게 휘청였지.

광해군은 어떤 왕?

생각 톡톡

　조선 시대에 왕위에서 쫓겨난 인물 중 하나가 바로 광해군이야. 신하들은 광해군이 형제를 죽이고, 아버지 선조의 아내인 인목 대비를 가둔 것을 문제 삼아 왕위에서 끌어내렸어. 그래서 광해군은 가족에 대한 도리를 저버린 폭군으로 조선 시대 내내 나쁜 평가를 받았지.

　그런데 최근에는 광해군을 긍정적으로 평가하는 사람이 늘었어. 광해군은 임진왜란이 일어났을 때 도망간 선조를 대신해 나라를 이끌었어. 목숨을 걸고 전쟁터를 누비며 일본에 맞서 싸웠지. 그 덕분에 광해군은 왕위에 오를 수 있었어. 전쟁이 끝난 뒤에는 황폐해진 조선을 복구하기 위해 노력했지. 명나라와 후금 사이에서 중립 외교를 펼쳤다며 긍정적으로 평가하는 사람도 있어.

　하지만 여전히 광해군을 부정적으로 보는 의견도 많아. 광해군은 전쟁으로 불탄 궁궐을 새로 짓는 데 열중했어. 임진왜란으로 나라가 쑥대밭이 되었는데도 아랑곳하지 않고 군사들을 궁궐을 짓는 데 동원하고 군사들의 식량까지 궁궐 짓는 데 썼지. 이 때문에 광해군은 민심을 크게 잃었다고 해.

통신사가 문화 외교를 펼쳤다고?

"와, 저긴 어떤 곳이기에 사람이 저렇게 많을까요?"
"아무래도 먹을 걸 파는 것 같구나."
복길이는 자신이 모시는 나리와 함께 가게로 향했어. 낯선 옷차림을 한 수많은 사람들 사이로 맛있는 냄새가 솔솔 새어 나왔지. 다른 나라 음식을 맛볼 수 있다는 생각에 복길이는 신이 났어.
복길이와 나리는 어디에 있는 걸까?

조선은 주변 나라에 사신을 보내며 교류를 해 왔어. 일본에도 여러 차례에 걸쳐 통신사를 보냈지. 통신사는 '믿음을 전하는 사절단'이라는 뜻으로 국왕의 외교 문서를 전하는 역할을 했어. 1413년 태종 때부터 일본으로 통신사를 보냈는데, 임진왜란으로 한때 중단되었어.

그러다 1607년부터 다시 통신사를 보내기 시작했어. 도요토미 히데요시에 이어 정권을 잡은 도쿠가와 이에야스가 통신사를 보내 달라고 요청했거든. 조선 입장에서도 이를 계기로 임진왜란 때 끌려간 포로를 데려올 수 있고, 자연스레 일본의 지형과 상황을 살필 수 있으니 이익이 되었지. 그래서 통신사가 다시 일본으로 가게 된 거란다. 조선은 임진왜란 이후 200여 년간 총 12회에 걸쳐 통신사를 파견했어.

▲ 통신사가 일본으로 가던 길

통신사 일행이 한양에서 에도(일본 도쿄)까지 왕복하는

데 최소 8개월에서 1년이 걸렸다고 해. 가는 길 또한 만만치 않았어. 태풍이 불어 배가 뒤집혀 큰 피해를 보는 경우도 있었지. 통신사는 400~500여 명으로 구성되었어. 정사, 부사, 종사관 등 사신 외에도 글 짓는 문인, 그림을 그리는 화가, 음악을 연주하는 연주가, 기마 곡예단 등 다양한 문학·예술인들이 포함되어 있었어. 복길이도 주인 어르신을 시중 들기 위해 통신사 일행과 함께 일본에 오게 된 거지.

통신사가 에도에 도착하면 먼저 일본의 최고 통치자인 쇼군에게 국왕의 편지를 전달했어. 통신사 일행이 지나가는 곳마다 이들을 환영하기 위해 수많은 사람들이 몰려들었어. 조선 문인이 쓴 글은 너도나

도 가지고 싶어 했고 화가들은 그림을 그리느라 밤을 새우기도 했대. 가장 인기를 끌었던 것은 마상재야. 마상재는 달리는 말 위에서 물구나무서기, 옆으로 매달리기 등 갖가지 재주를 부리는 무예야. 일본 사람들은 조선 통신사의 마상재를 보고 천하제일이라며 크게 감탄했다고 해.

통신사는 400여 년 전 평화 사절단 역할을 톡톡히 했어. 한국과 일본에 남아 있는 통신사의 각종 기록물 총 111건은 2017년 유네스코 세계 기록 유산으로 등재되었단다.

▲ **조선 통신사 행렬도**
조선 통신사 행렬이 일본의 수도 에도로 들어가는 모습이야.

에도 막부 시대가 열리다

에도 막부는 임진왜란 이후 일본에 들어선 막부야. 막부는 무사 중에 우두머리인 쇼군이 다스리는 정권을 말해. 왕은 있지만 실제 권력이 없고 쇼군이 권력을 가진 것이지.

에도 막부를 연 사람은 도쿠가와 이에야스였어. 도요토미 히데요시가 죽은 뒤 정권을 차지했지. 에도 막부는 에도 지역을 중심으로 한 정권이었어. 에도는 지금의 도쿄를 말해.

에도 막부에는 산킨코타이 제도가 있었어. 지방 영주인 다이묘를 감시하는 제도인데 그들의 가족을 에도에 인질로 잡아 두고 다이묘도 일정 기간 에도에 와 머물게 한 거야. 다이묘들이 사는 지방에서 에도를 오가는

영주
지방의 넓은 땅을 가진 사람으로 지방을 다스리는 권한도 가지고 있었어.

일은 쉬운 일이 아니었어. 그래서 막부는 다이묘들이 에도와 지방을 오갈 수 있도록 길을 닦았지. 길이 만들어지자 그 길을 통해 많은 사람과 물자들이 오가게 되면서 자연스럽게 상업이 발달했어.

에도 막부는 약 250년 동안 지속되었어.

◀ 에도성
에도 막부 시기에 쇼군이 살았던 성이야.

자신의 재능을 꽃피운 조선의 여성들은?

"마님, 닭이 그림을 쪼고 있어요. 세상에, 그림 속 벌레가 진짜인 줄 아나 봐요!"

닭들이 마님이 그린 그림 속 작은 벌레들을 쪼는 모습을 본 곱단이는 깜짝 놀랐어. 닭들을 이리저리 쫓아 보내려 했지만 쉽지 않았어. 이 마님은 누구일까?

"글을 읽고 쓰는 것은 남자가 할 일이다. 여자가 글을 읽고 쓰는 일에 힘쓰면 그 해로움이 끝이 없느니라."

조선 시대 한 학자가 한 말이야. 조선에서 글공부는 대개 남자들의 일이었어. 여성들에게는 공부를 하는 대신 수를 놓고, 집안일을 돌보며 자녀를 잘 기르는 것이 최고의 미덕으로 여겨졌지. 그러다 보니 여성들은 재능을 펼칠 기회가 거의 없었어.

하지만 조선 시대에서도 뛰어난 재능으로 이름을 떨친 여성들이 있

▼ **강릉 오죽헌**
강원도 강릉에 위치한 오죽헌은 신사임당이 태어나 자란 곳이야. 신사임당은 결혼 후에도 이곳에 머물며 율곡 이이를 낳았다고 해.

었지. 그중 한 명이 신사임당이야.

신사임당은 오늘날 5만 원권 지폐에 등장하는 주인공이야. 조선을 대표하는 유학자 율곡 이이의 어머니로도 유명하지. 신사임당의 아버지는 딸에게도 글을 가르쳤어. 덕분에 신사임당은 어려서부터 다양한 책을 읽으며 자신의 재능을 키웠지. 신사임당은 그림을 그리고 시를 짓는 데 남다른 능력을 보였어. 남편 역시 신사임당의 뛰어난 재능을 인정하고 늘 격려했지.

신사임당이 어찌나 그림을 잘 그렸는지 다음과 같은 이야기가 전해져 내려올 정도야. 하루는 마을에서 잔치가 열렸는데 잔치에 온 한

▲ 〈초충도〉
신사임당이 그렸다고 전해지는 그림이야. 신사임당은 시와 그림, 글씨에 재주가 뛰어난 예술가였지.

부인이 울상을 짓고 있었어. 빌려 입고 온 치마에 얼룩이 진 거야. 신사임당은 그 부인에게 치마를 벗어 달라고 한 뒤 치마에 무언가를 그리기 시작했어. 얼마 후 아름다운 포도송이로 가득찬 한 폭의 그림이 치마에 그려졌지. 구경하던 사람들은 모두 신사임당의 솜씨에 감탄했어. 울상이던 부인의 얼굴에도 환한 웃음꽃이 피었지.

　신사임당은 여러 그림을 그렸는데, 특히 풀과 곤충들을 많이 그렸다고 해. 신사임당이 그린 곤충들은 너무도 생생해 마치 살아 있는 것 같았다는구나.

　허난설헌도 조선 시대에 뛰어난 예술적 재능을 발휘한 여성 중 한 명이야. 《홍길동전》을 지은 허균의 누나이기도 해. 허난설헌의 본명

은 초희로, 오빠들이 공부할 때 어깨너머로 글을 배웠어. 여덟 살에 지은 시가 아주 훌륭해서 신동이라 불리기도 했지.

하지만 허난설헌은 결혼한 후 연이어 시련을 겪었어. 시어머니와 갈등이 심했고, 어린 자식들을 연달아 떠나보내야 했어. 가족들은 정치 다툼에 휘말려 귀양을 가거나 목숨을 잃었지. 허난설헌은 시를 지으며 고통을 달래려 애썼어.

마음의 병이 깊어서였는지 허난설헌은 젊은 나이에 세상을 떠났어. 허난설헌의 시는 죽은 뒤에야 세상에 알려지게 되었지. 동생 허균이 명나라의 한 시인에게 허난설헌의 시를 보여 주었는데, 시가 몹시 훌륭해서 시인이 크게 감탄했다고 해. 이후 허난설헌의 시는 중국뿐만 아니라 일본에서도 널리 알려져 큰 사랑을 받았단다.

 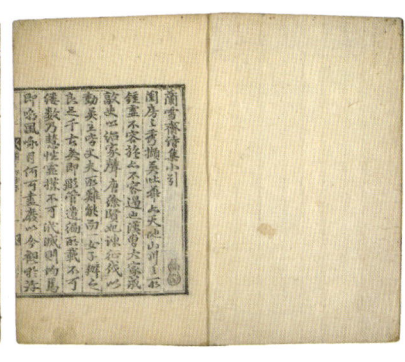

◀ 《난설헌집》
허난설헌의 시와 글을 엮은 책이야.

생각 톡톡

시대를 뛰어넘은 여성들

윤지당 임씨는 성리학자로 이름을 알린 여성이야. 윤지당은 그녀가 머물던 집의 이름을 따서 지은 호야. 성씨 외에 이름은 전해지지 않지. 앞서 살펴본 신사임당의 '사임당'도 그렇게 지은 호야.

윤지당 임씨는 어려서부터 오빠들과 함께 공부했는데 총명함이 남달랐다고 해. 그녀는 남녀는 각각 처한 상황이 다르지만 타고난 성품은 같다고 믿었어. 그러면서 자신이 가진 능력을 펼치기 위해 노력했어. 윤지당 임씨는 평생 학문을 연구하는 데 매진했어.

▲ 윤지당 임씨의 초상화

유교 경전을 새롭게 해석하고 역사를 논하며 여러 정치가와 학자를 비판했지. 유학의 가르침을 몸소 실천하며 늘 예의를 갖춰 사람을 대하고 신중하게 행동했어. 윤지

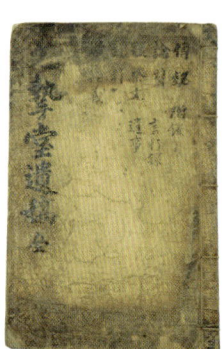
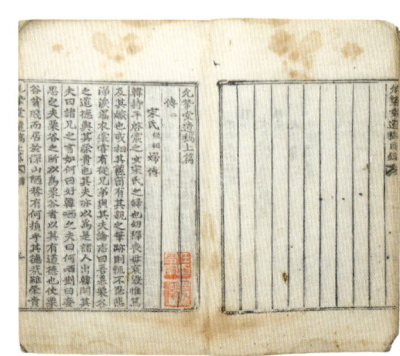

◀ 《윤지당유고》

당 임씨가 이 세상을 떠난 뒤 친척들은 그녀가 남긴 글을 모아 《윤지당유고》라는 책으로 펴냈어.

시대적인 한계를 뛰어넘은 또 한 명의 여성은 바로 빙허각 이씨야. 1800년대에 살았던 인물로 빙허각 역시 이씨 부인이 머물던 집의 이름이야. 빙허각 이씨는 여성들에게 필요한 생활의 지혜가 담긴 백과사전을 썼지.

그녀의 총명함과 학문적 재능을 알아봐 준 사람은 바로 남편 서유본이었어. 서유본은 아내 빙허각 이씨가 보고 싶어 하는 책을 구해다 주며 학자로서 이씨의 재능을 격려하고 존중해 주었다고 해. 빙허각 이씨는 집안 살림을 하면서 틈틈이 책을 읽고, 일상생활 속에서 얻는 지혜를 한글로 기록했어. 음식과 옷 만든 법, 누에치기, 농사짓기, 가축 기르기, 태교와 육아 그리고 귀신 쫓는 방법까지 총 5권에 나눠 담았어. 이런 내용이 담긴 책이 바로 《규합총서》야. 규합은 여인들이 지내던 공간을 뜻해. 빙허각 이씨는 자신이 경험하지 못한 것은 직접 실험을 해 가며 글을 썼다고 해. 그래서인지 모든 이야기들이 너무도 생생하단다.

연표

1392년 - 조선 건국
1394년 - 한양으로 수도를 옮김
1395년 - 경복궁 창건
1592년 - 한산도 대첩
1592년 - 임진왜란 발발
1598년 - 이순신, 노량 해전에서 전사
1607년 - 조선 통신사 에도로 파견

1400년

태종 즉위

1446년

세종, 훈민정음 반포

1485년

《경국대전》 반포

1455년

단종을 몰아내고 세조 즉위

1637년

조선, 삼전도에서 청나라에 항복

1636년

병자호란 발발

찾아보기

《경국대전》　　　　42, 47, 48, 49, 50, 111
《조선왕조실록》　　71, 72, 73, 75, 76, 77
《광해군 일기》　　　　　　　　　　　　78
《훈민정음 해례본》　　　　　　　　　　24
6조　　　　　　　　　10, 11, 19, 20, 48, 49

경복궁　　　　　　　　　　9, 11, 13, 86, 110
경복궁 근정전　　　　　　　　　　　　　9
과거　　　　　　　　44, 46, 54, 58, 63, 64, 66
관혼상제　　　　　　　　　　　　36, 38, 48
광해군　　　　　　　　　　78, 81, 90, 91, 96

남한산성　　　　　　　　　　　　92, 93, 94
노비　　　　　　　　　　27, 43, 44, 49, 53, 62

도요토미 히데요시　　　　　　80, 86, 98, 101

명나라　　　　　　　　29, 30, 31, 80, 81, 84, 85, 86, 90, 91, 92, 94, 96, 107

병자호란　　　　　　　　　　　　92, 95, 111
빙허각 이씨　　　　　　　　　　　　　109

사림　　　　　　　　　　　53, 54, 55, 56, 57
사화　　　　　　　　　　　51, 54, 55, 56, 74
삼강오륜　　　　　　　　　　　　　36, 37
상민　　　　　　　　　　42, 43, 44, 60, 64, 68, 69
서당　　　　　　　　　　　　60, 61, 66, 67
서원　　　　　　　　　　　　　　56, 57, 62
선조　　　　　　　　　　　　　　81, 86, 96
성균관　　　　　　　　　　　　　60, 63, 64
성균관 대성전　　　　　　　　　　　　63
성종　　　　　　　　　　　　　　48, 53, 55
세종　　　　　　　23, 24, 25, 26, 27, 31, 39, 52, 53
신사임당　　　　　　　　　　　104, 105, 106

양반　　　　　　　　23, 26, 42, 43, 44, 46, 60, 63, 64, 66, 67, 68, 69
양인　　　　　　　　　　　　　　　42, 44

여진	31, 32, 80	청나라 태종	92, 94
여진족	31, 90	측우기	27
연산군	54, 55, 74		
유교	35, 36, 39, 43, 108	태조	8, 16, 17, 18, 19, 20, 21, 22, 72
윤지당 임씨	108	태종	19, 21, 24, 75, 77, 98
이방원	15, 16, 17, 18, 19, 21	통신사	97, 98, 99, 100, 110
이성계	8, 9, 16, 21		
이순신	81, 83, 85, 86, 110	한양	7, 8, 9, 11, 12, 13, 16, 31, 62, 63, 81, 83, 84, 92, 98, 110
인조	91, 92, 94	행주대첩	84, 110
임진왜란	80, 81, 83, 84, 85, 86, 87, 90, 91, 95, 96, 98, 101, 110	허난설헌	106, 107, 108
		호패	20
장영실	27	훈구	53, 54, 55, 56, 58
정도전	11, 15, 16, 17, 18, 36	훈민정음	23, 24, 26, 110
조광조	55, 56, 57, 58		
중인	42, 43, 44		
천민	42, 44, 45		
청나라	89, 92, 93, 94, 95, 111		

사진 저작권

8 조선을 건국한 태조 이성계(국가유산청)

9 경복궁 근정전(셔터스톡)

11 흥인지문(국가유산청) | 숭례문(국가유산청)

12 〈도성도〉(서울대학교 규장각 한국학연구원)

20 호패(천안박물관)

24 《훈민정음 해례본》(국가유산청)

26 훈민정음으로 기록한 음식 조리법(국립한글박물관)

27 앙부일구(국립고궁박물관) | 측우기(국립고궁박물관)

39 《삼강행실도 언해본》(국립한글박물관)

45 채용신의 〈평생도〉(국립중앙박물관)

48 《경국대전》(국립중앙박물관)

50 김준근 〈풍속도〉(모스크바국립동양박물관)

53 세조 어진 초본(국립고궁박물관)

57 도산 서원(국가유산청)

58 조광조 묘(게티이미지코리아)

60 《천자문》(서울대학교 규장각 한국학연구원)

62 강릉 향교(국가유산청)

63 성균관 대성전(국가유산청)

68 무명으로 만든 저고리(소수박물관)

69 승경도 놀이(국립중앙박물관) | 김홍도 〈고누 놀이〉(국립중앙박물관)

72 《조선왕조실록》(국가유산청)

75 오대산 사고(게티이미지코리아)

80 도요토미 히데요시(퍼블릭도메인)

81 〈동래부 순절도〉(육군박물관)

83 《난중일기》(국가유산청)

84 행주대첩비(국가유산청)

85 조선의 군함 판옥선(서울대학교 규장각 한국학연구원)

87 아리타 도자기(퍼블릭도메인) | 도조 이삼평 기념비(위키피디아_S TA 3 8 16)

93 남한산성(게티이미지코리아)

100 조선 통신사 행렬도(국립중앙박물관)

101 에도성(퍼블릭도메인)

104 강릉 오죽헌(게티이미지코리아)

105 신사임당 〈초충도〉(국립중앙박물관)

107 《난설헌집》(서울대학교 규장각 한국학연구원)

108 윤지당 임씨 초상(원주역사박물관) | 《윤지당 임씨 유고》(원주역사박물관)

* 이 책에 쓴 사진은 해당 사진을 보유하고 있는 단체와 저작권자의 허락을 받았습니다.
* 저작권자를 찾지 못해 사용 허락을 받지 못한 사진은 저작권자를 확인하는 대로 허락을 받고, 출처를 표시하며 통상의 사용료를 지불하겠습니다.

생각을 여는 처음탄탄 한국사 05

초판 1쇄 발행 2024년 10월 01일

글 황은희 **그림** 김다정
발행처 주식회사 스푼북 **발행인** 박상희 **총괄** 김남원
편집 길유진 김선영 박선정 김선혜
디자인 정진희 권수아 **마케팅** 박미소
출판신고 2016년 11월 15일 제2017-000267호
주소 (03993) 서울시 마포구 월드컵북로6길 88-7 ky21빌딩 2층
전화 02-6357-0050(편집) 02-6357-0051(마케팅)
팩스 02-6357-0052 **전자우편** book@spoonbook.co.kr

ⓒ 황은희, 김다정 2024
ISBN 979-11-6581-553-0 (73910)

* 저작권법에 의하여 한국 내에서 보호를 받는 저작물이므로 무단 전재와 무단 복제를 금합니다.
* 잘못 만들어진 책은 구입하신 곳에서 바꾸어 드립니다.

제품명 생각을 여는 처음탄탄 한국사 05	
제조자명 주식회사 스푼북 **제조국명** 대한민국 **전화번호** 02-6357-0050	**⚠ 주 의**
주소 (03993) 서울시 마포구 월드컵북로6길 88-7 ky21빌딩 2층	아이들이 모서리에 다치지
제조년월 2024년 10월 01일 **사용연령** 10세 이상	않게 주의하세요.
※ KC마크는 이 제품이 공통안전기준에 적합하였음을 의미합니다.